AF292883

„Happiness is a result.
Joy ist a choice!“

Matthew McConaughy

„Verschiebe nicht auf morgen,
was du auch heute tun kannst,
denn wenn es dir heute Spaß macht,
kannst du es morgen wiederholen.“

Arthur Wellesley, I. Duke of Wellington

Michael von Prollius

Mehr Freiheitsliebe

Ein weiteres Querdenker-ABC

Bibliografische Information der Deutschen Nationalbibliothek:
Die Deutsche Nationalbibliothek verzeichnet diese Publikation in
der Deutschen Nationalbibliografie; detaillierte bibliografische
Daten sind im Internet über http://dnb.dnb.de abrufbar.

© 2019 Michael von Prollius
Im Schloßgarten 1a, 37699 Fürstenberg
Umschlaggestaltung: Björn von Prollius
Lektorat und Layout: Susanne Junge
Herstellung und Verlag: BoD – Books on Demand, Norderstedt

ISBN: 978-3-7494-7182-9

Inhalt

Vorbemerkung

Ich habe erfreulichen Zuspruch zu meinem Buch „Freiheitsliebe" erhalten, das Ende 2017 erschien. Da mir die Beschäftigung mit Freiheitsliebe und positiven Perspektiven viel Freude bereitet, habe ich diese Fortsetzung verfasst.

Ziel ist es erneut, ein wenig auszusteigen aus der wohlfeilen Kritik an den herrschenden Zuständen und an den Missständen, um einen klaren Blick für die Freude zu bekommen, die mit Freiheit einhergeht und die der Liebe entspringt.

Wie heißt es so schön:

> *We don't have a great day,*
> *we make it a great day.*

Das wird umso wichtiger, je absurder die politischen Zustände in Deutschland und darüber hinaus anmuten. Glücklicherweise ist es nicht notwendig, sich mit grobem Unfug zu beschäftigen. Ich empfehle immer wieder, von medialem Polittheater und modernem Mediengetümmel Abstand zu halten – vor allem mir selbst. Eine politische Diät. Selber denken. Ruhe, nur der Wind rauscht. Das beflügelt Geist und Gemüt. Das macht den Weg frei für zwei bedeutende Substantive: Kraft und Klarheit. Jedes steht für sich. Beide sind mit einander verbunden. Das Eine bedingt das Andere.

Um Kraft und Klarheit geht es nachfolgend wiederholt. In den Aphorismen finden sich viele Denkanstöße, um zu persönlicher Klarheit zu gelangen und Kraft zu tanken. Die Kraft der Freiheit ist in vielen Blogbeiträgen enthalten, teils offensichtlich und kraftvoll, teils sublim und dennoch erhellend gemeint. Die Freiheit, die ich mir nehme, befreit, setzt Kräfte frei. Wer auf sich selbst zurückgeworfen ist oder mit sich eins ist, der kann unbeeindruckt vom Tosen um ihn herum mit klarem Blick für das Wesentliche seine Kräfte mobilisieren und sie entfalten. Mit anderen Worten: Wer sich allein wohlfühlt, ist in guter Gesellschaft.

Vielfach helfen indes andere Menschen, zuweilen als Mentoren, auf einer kleinen Strecke des Lebenswegs, um ein wenig freier, besser, besonnener zu werden. Nachfolgend können zur persönlichen Entwicklung vielleicht einige Denkanstöße beitragen. Bekanntlich können gute Gedanken als Initialzündung dienen. „Freiheitsfunken" nannte das Roland Baader.

Die Zahl der wahren Freiheitsfreunde ist nicht groß. Dennoch gibt es einen Trost:

> *„Größe ist nicht alles. Die kleinere Truppe wir*
> *sind, dafür aber größer im Geist."*

sagte Yoda. In diesem Sinne weiten die kleinen Skizzen der Charaktere den Blick auf wichtige und zuweilen weniger beachtete Freiheitsfreunde. Die Charaktere sind schon – wie in „Freiheitsliebe" – eigentümlich frei. Das ist ein Grund, warum sie so reizvoll sind.

Im Übrigen gilt: Größe ist eine Wahl. Die Sportmarke, die nach der griechischen Siegesgöttin benannt wurde, nutzt diese Weisheit auch:

> *Greatness is a choice. Just do it. Find your*
> *Greatness.*

Wir leben einmal mehr in einer völlig verrückten Zeit, in der Politiker bereit sind, auch Absurdes anzustreben und zu verwirklichen, während Politik und Bürokratie mit der Erledigung der vielen, bereits übernommenen Aufgaben überfordert sind. Gleichwohl werden sie von Menschen gewählt und bestärkt, noch mehr zu tun. Beide – Staat und Bürger – lassen sich ohne Kompass leicht in die Irre führen. Monika Hausammann bemerkte treffend:

> *„Verantwortungslose Politik ist die Konsequenz*
> *verantwortungsverweigernder Bürger."*

In dieser Zeit kann ein Leitgedanke lauten: Nicht beeindrucken und schon gar nicht bedrücken lassen, vielmehr überzeugt, klar und kraftvoll Freiheit leben und für die Freiheit einstehen.

Fürstenberg, August 2019

Michael von Prollius

Aphorismen für die Freiheit

Aufklärung

*Es wird niemals einen freien und aufgeklärten
Staat geben, ehe der Staat nicht den Einzelnen
als die höhere und unabhängige Macht anerkennt, aus der seine
eigene Macht und Autorität nur abgeleitet ist.*

Henry David Thoreau

♥

Augenblick

*Wenn sich zwei Menschen in die Augen blicken, verbinden sie
sich zuweilen in einem magischen Moment – in einem
Spannungsfeld aus Freiheit und Bindung, dessen
unnachahmlicher Ausdruck
ihr Lächeln ist.*

♥

Anerkennen

Akzeptanz ist der Schlüssel zur Freiheit.

Katy Perry

Jeder ist zu allererst für sich selbst verantwortlich.
Freude und Leid liegen in uns,
genauso wie Freiheit, Furcht, Gefolgschaft und Frieden.

♥

Wir sollten Menschen belohnen,
anstatt sie lächerlich zu machen,
dafür, dass sie das Unwahrscheinliche denken.

Nassim Nicholas Taleb

♥

Anmut

Eine Frau wird nicht durch ihr Kleid schön,
sondern umgekehrt das Kleid durch die Frau.

Karl Lagerfeld

♥

Aphorismen

Aphorismen sind geistige Vitaminpillen:
Einnahme beliebig, keine schädlichen Nebenwirkungen.

Ludwig Wittgenstein

♥

Am Anfang der Querdenker-Aphorismen stehen fünf A. Aufklärung ist ein Leitgedanke eines jeden Liberalen und durchzieht auch diese Schrift. Der Augenblick ist vielleicht nicht der einzige, der zählt, jedoch die Zeit, in der wir leben, handeln, spüren, unseren Flow finden können. Anerkennen gehört zu einer guten Lebenshaltung, deren Ausdruck Anmut sein kann. Aphorismen sind Futter fürs Gemüt und für den Geist.

♥

Bankrott

Gänsehaut statt Gehirn.
Gelebt werden statt leben. Führer statt Freiheit.

Monika Hausammann

♥

Bosheit

Mit der Bosheit deiner Feinde sollst du geziert werden.
Mit den Tugenden deines Herzens sollst du geadelt werden.
Mit deinen guten Werken sollst du gekrönt werden.

Mechthild von Magdeburg

♥

Bücher

Vielleicht haben Bücher einen geheimen Instinkt, wenn sie ihren
Weg zu ihren Lesern finden.

Chance

*Chancen verkleiden sich für gewöhnlich als harte Arbeit, so
dass die meisten Menschen sie nicht erkennen.*

Esther Lederer

♥

*Zu dem Zeitpunkt, an dem Dein Leben zu Ende ist,
wirst Du gerade genug gelernt haben,
um es gut zu beginnen.*

Eleanor Marx

♥

Erfolg

Die Straße zum Erfolg ist immer eine Baustelle.

Arnold Palmer, US-Golfspieler

♥

Erfolg ist relativ, relativ schön sogar.

♥

Erziehung

*Erziehung besteht aus zwei Dingen:
Beispiel und Liebe.*

Friedrich Fröbel

Bankrott und Bosheit bieten Chancen, weil beide Geisteshaltungen Ausdruck verworrenen Denkens sind und mangelnder Gelassenheit. Es lohnt sich, statt einer renitenten Reaktion die Suche nach gemeinsamen Zielen und geeigneten Mitteln zu nutzen. Spätestens am Ende unseres Lebens werden wir diesen Weg wertschätzen. Zumal Erfolg mit Erziehung verbunden ist – Selbst-Erziehung. Manchmal hilft auch einfach Kopfschütteln.

♥

Fehler

Irrtümer werden erst zu Fehlern,
wenn man sich weigert, sie zu korrigieren.

John F. Kennedy

♥

Fehler und Scheitern können zu Wachstum und Erfolg führen,
sobald man (sich) etwas aus ihnen macht.

♥

Freiheit

Freiheit ist kein Traum, sie ist grenzenlos,
doch sie liegt häufig hinter Mauern,
die wir selbst errichten.

♥

*Die Freiheit des Menschen liegt nicht darin, dass
er tun kann, was er will, sondern darin, dass
er nicht tun muss, was er nicht tun will.*

George Bernhard Shaw

♥

*Ein Schlüssel zur Freiheit ist Mut.
Ein anderer Dankbarkeit.
Und Selbstvertrauen.
Ein Schlüsselbund.*

♥

*Bosheiten sind nicht das Ergebnis der Freiheit,
sie sind ihr Beweis.*

Wolfgang Sofsky

♥

Freedom is a might.

Michael Buble

♥

Freiheitsliebe

Just do what you want to do

Just do what you love to do

Songzeilen aus „Do it" von Wally Warning

Rock'n Roll is about Freedom.

Alice Cooper

♥

Frieden

*Die Verteidigung des Friedens ist identisch
mit der Verteidigung der Kultur*

Arnold Zweig

♥

*Gemeinsame Erinnerungen sind manchmal
die besten Friedensstifter.*

Marcel Proust

♥

Freude

Freiheit, Fröhlichkeit und Dankbarkeit.

♥

Mach Dich frei für die Freude.

♥

Danke für die Luft zum Lachen!

Es ist genau das, was viele Kontakte mir hier auf Facebook geben: Luft zum Atmen und zum Lachen. Durch brillante Ironie, geistreich beissende Blödelei, auf Kenntnis und Kompetenz gegründeten Witz und in fein geschliffenen Sarkasmus verpackte Lebensliebe.

Monika Hausammann

♥

Freunde

Tiere sind die besten Freunde.
Sie stellen keine Frage und kritisieren nicht.

Mark Twain

♥

Freiheit ist seltsamerweise nicht jedermanns Sache, aber wer sie einmal spürt oder verloren hat, wird die mit ihr verbundene Freude nie vergessen. Freude befreit. Freiheit ist ein Baustein für Frieden – ohne Frieden, keine Freiheit. Und von der Freiheit ist es nicht weit bis zu Freunden, die man sich selbst aussucht.

♥

Gefühle

Die Furcht ist der schlechteste Ratgeber.

Karl Liebknecht

The biggest emotion in creation
is the bridge to optimism.

Brian May

♥

"Schreiben nach Gehör"
ist das orthographische Pendant zu
"Leben nach Gefühl".

Monika Hausammann

♥

Die Vernunft formt den Menschen,
das Gefühl leitet ihn.

Jean-Jacques Rousseau

♥

Gerechtigkeit

Freiheit, gesichert durch die Gleichheit vor dem Gesetz,
verankert in einer Verfassung, die Eingriffe in die Freiheit eines
Menschen nicht zulässt, ist gleichbedeutend mit Gerechtigkeit.

Edmund Burke

♥

Glück

Wenn eine Tür des Glücks sich schließt,
öffnet sich eine andere,
aber oft starren wir so lange auf die geschlossene Tür,
dass wir die, die sich uns geöffnet hat, nicht sehen.

Helen Keller

♥

Glück im Leben besteht aus den vielen Dingen,
die einem nicht zugestoßen sind.

Paul Hörbiger

♥

Der Sinn des Lebens ist keinesfalls, glücklich zu sein. Es ist vielmehr nützlich sein, ehrenwert sein. Es ist mitfühlend sein. Es kommt darauf an, Bedeutung zu erlangen, dass es einen Unterschied gemacht hat, dass Du gelebt hast.

Leo Calvin Rosten

♥

Haltung

Haltung bewahren, kostet Kraft,
lindert Schmerz und zeugt von Stil.

♥

Handel(n)

*Handel findet nicht zwischen Nationen,
sondern zwischen Menschen statt.*

♥

Free Trade, Goodwill and Peace among nations!

Parole von Richard Cobden

♥

*Improvisation ist die Kunst,
etwas Unbeabsichtigtes gut vorzubereiten.*

Willy Millowitsch

♥

*Geduld ist eine gute Eigenschaft. Aber nicht, wenn es um die
Beseitigung von Missständen geht.*

Margaret Thatcher

♥

Gefühle sollten uns vor Schlechtem bewahren und zu Gutem leiten. Das geht nicht ohne Prinzipien und inneren Kompass, also Vernunft. Dann wird auch Gerechtigkeit möglich und nicht nur eine leere Phrase. Glück ist ein wichtige Lebenskategorie, Treibstoff für Erfolg und Resultat richtiger Entscheidungen und einer gelingenden inneren Haltung. Dazu gehört auch Handeln, das beide Seiten besser stellt.

Ich

Die Welt ist ein Berg,
und alles, was man je von ihr zurückbekommt,
ist der Widerhall der eigenen Stimme.

Dschalaluddin Rumi

♥

Unser Inneres ist wertvoller als
alle Titel und Würden.

Elisabeth von Österreich-Ungarn

♥

Make somebody happy,
make somebody strong.

Carlos Santana

♥

Wohin man auch geht,
sich selbst entkommt man nicht.

Haruki Murakami

♥

Interessen

Politik: ein Streit der Interessen, der sich als Wettstreit
der Prinzipien maskiert.

Ambrose Bierce

Kritik

*Politische Kritik ähnelt Fußballkommentaren: Hunderttausende
wissen es besser als der Trainer, Hunderte äußern ihr besseres
Wissen, viele ereifern sich, wenige werden gehört,
nichts passiert.*

♥

Lernen

*In unserer Volkswirtschaft ist viel zu lernen
und wenig zu tun.*

Ludwig Bamberger

♥

Liebe

*Die Liebe läßt sich nicht besitzen,
denn sie ist Freiheit.*

Dantse Dantse

♥

*Im Leben dreht sich alles um die Liebe. Das Leben lässt sich mit
einem Wort zusammenfassen: Liebe.
Macht, Geld, Sex, Drogen sind nur ein kurzer Kick und kein
Ersatz für das, was wir alle suchen, brauche, kaum aushalten.*

*Am erfolgreichsten macht man einer Dame den Hof,
wenn man ein Haus hat.*

Urheber unbekannt

♥

*Liebe ist die Fähigkeit, die Menschen, die uns wichtig sind,
die Freiheit zu lassen, die sie benötigen,
um so sein zu können, wie sie sein wollen,
unabhängig davon,
ob wir uns damit identifizieren können oder nicht.*

George Bernhard Shaw

♥

In sich gehen und sich und andere glücklich machen, daraus kann Größe entspringen. Lernen ist ein weiterer Bestandteil, idealerweise die Freiheit zu lieben. Denn die Liebe ist das, worum sich unser Leben dreht, Liebe ist die Essenz eines gelingenden Lebens. Und Freiheit ist dafür die vornehmste Voraussetzung.

♥

Macht

*Wenn die Macht der Liebe die Liebe zur Macht überwindet –
erst dann wird es Frieden geben.*

Jimi Hendrix

♥

Märkte

Märkte verbinden Menschen.

Russ Roberts

♥

Meinung

Die Freiheit der Meinung setzt voraus,
dass man eine hat.

Heinrich Heine

♥

Momente

There is no way that you can ever really repeat something.
I have this great belief that the magic of the moment
can never be recaptured.

Brian May

♥

Nein

Freiheit beruht ganz wesentlich darauf,
im richtigen Moment Nein sagen zu können.

Robert Nef

♥

Plan

♥

Privat

♥

♥

Macht, Märkte und Meinungen stehen heute zu oft im Widerspruch. Das liegt auch daran, dass Menschen im politischen Raum zu wenig Nein sagen, so ihre Privatheit verlieren und Teil eines Plans anderer werden.

Religion

Religion ist Geschmack fürs Unendliche,
fürs Unsichtbare und Übermächtige.

Wolfgang Sofsky

♥

Sicherheit

Der Staat soll nämlich auf keine Weise für das positive Wohl der
Bürger sorgen, daher auch nicht für ihr Leben und ihre
Gesundheit – es müssten denn Handlungen andrer ihnen Gefahr
drohen –, aber wohl für ihre Sicherheit.

Wilhelm von Humboldt

♥

Singen

Singt für die Freiheit! Singen erfüllt, verleiht Kraft
und Zuversicht. Singen verbindet.
Singen erhebt uns in den Himmel, mit beiden Füßen fest auf
dem Boden. Singen macht kleine Leute groß
und zuweilen zu große Leute klein.

♥

Sozialismus

Sozialismus ist die zu Ende gedachte Herdentiermoral.

Friedrich Nietzsche

Monika Hausammann

♥

Staat

Denn dies allein, die Hemmung der Uneinigkeiten der Bürger untereinander, ist das wahre und eigentliche Interesse des Staats, an dessen Beförderung ihn nie der Wille einzelner Bürger, wären es auch die Beteiligten selbst, hindern darf.

Wilhelm von Humboldt

♥

Der Staat ist eine Einrichtung zur Beherrschung der Bürger.

Wolfgang Sofsky

♥

Jede unnötige Steuer bedeutet einen Angriff auf das Privateigentum, der umso widerwärtiger ist, als er mit der ganzen Feierlichkeit des Gesetzes geführt wird, und umso empörender, als er mit allen Mitteln gerüsteten Staatsmacht gegen den wehrlosen Einzelnen vorgeht.

Benjamin Constant, fast wörtlich

♥

Stärke

Eine gute Schwäche ist bessere
als eine schlechte Stärke.

Charles Aznavour

♥

Jeder sollte Schrullen haben.
Schrullen sind ein hervorragender Schutz gegen Vermassung

Salvador Dali

♥

Träume

Tagträume sind wichtig.
Was man sich nicht vorstellen kann,
kann man nicht tun.

George Lucas

♥

Religion ist vielleicht eine Geschmacksrichtung spiritueller Menschen. Gesungen wird heute zu wenig – ein Grund für übergroße Machthäufung? Wird die Staatsverherrlichung des 21. Jahrhunderts ähnlich abscheuliche Folgen haben wie stets zuvor? Vielleicht helfen mehr schrullige Leute. Individualität schützt und ermöglicht Träume, deren Realisierung unser Leben verschönt.

Wachstum

Mach aus Deinen Ängsten Mut,
mach aus Deiner Enttäuschung Liebe,
mach aus Deinem Verlangen Dankbarkeit
aus Deinen Beschränkungen Freiheit – und freue Dich.

inspiriert durch den Song „*Do it*" von Wally Warning

♥

You can be anything you want to be,
just turn yourself into anything
you think that you could ever be.

Freddie Mercury

♥

I have to build my own boat this time.
It's a big sea out there,
and I have a pretty small boat.
I have a lot of belief in it.

Brian May

♥

Weg

Der kürzeste Weg, um vieles zu erledigen, ist,
immer nur eine Sache zu machen.

Samuel Smiles

♥

Wirkung

Du weißt nie, wann du etwas tust, das andere berührt.

Martin Sheen

♥

Mitbestimmung = Mitwissen, Mitwirken, Mitverantworten

Wilhelm Röpke

♥

Wohlstand

Wohlstand bringt die Leute auseinander.
Armut verbindet sie.

Ray Charles

♥

Zucht

Nicht umsonst steht das Private unter ideologischem Verdacht.
Unpolitische Bekenntnisse, Wahlabstinenz, Gleichgültigkeit
gegenüber dem Machttheater, Mißtrauen gegenüber der Elite,
Verweigerung von Applaus – all dies zählt als
Verrat an der Demokratie.

Wolfgang Sofsky

♥

Paternalismus und Nudging
verkörpern Pessimismus und Nichtachtung.

♥

Zuhören

Lerne zuhören, und Du wirst auch von
denjenigen Nutzen ziehen, die dummes Zeug reden.

Platon

♥

Demokratisch ist es, dem anderen zuzuhören, seine Meinung zu
erwägen, das, was einem selbst einleuchtet, zu akzeptieren und
gegen das Übrige unter ständiger Wahrung des Respekts vor
der Person des anderen, seine Gegenargumente
hervorzubringen.

Walter Scheel

♥

Zuversicht

Die geistige Wohlfahrt von Nation und Individuum
erfordert Rede- und Gedankenfreiheit.
Holen wir sie uns zurück!

♥

Wachstum bereitet Freude, ist ein Weg und hat Wirkung. Zuweilen geht Wohlstand damit einher, gerade innerer Reichtum. Richten wir unsere Kraft auf das Private. Dort lohnt sich Zuhören mehr und fällt Zuversicht leichter als im Politischen. Freiheit und Liebe sind etwas ganz Konkretes, Persönliches. Es braucht keine Partei für Freiheit und Liebe, kein gleichlautendes Ministerium. Vor allem wir selbst können uns im Weg stehen, wenn wir für Freiheit und Liebe tagein, tagaus Partei ergreifen, aber dann versuchen wir es einfach noch einmal auf demselben Weg oder einem nahe gelegenen weiteren.

♥

Zum Schluss

Die Menschen meines Stammes sind leicht zu erkennen:
Sie gehen aufrecht, haben Funkeln in den Augen und ein
Schmunzeln auf den Lippen.
Sie sind weder heilig, noch erleuchtet.
Sie sind durch ihre eigene Hölle gegangen, haben ihre Schatten
und Dämonen angeschaut und angenommen.
Sie sind keine Kinder mehr, wissen wohl, was Täter /Opfer sein
bedeutet, haben ihre Scham und ihre Rage explodieren lassen
und dann die Vergangenheit abgelegt, die Nabelschnur
durchtrennt und die Verantwortung übernommen.
Weil sie nichts mehr verbergen wollen, sind sie klar und offen.
Weil sie nicht mehr verdrängen müssen,
sind sie voller Energie, Neugierde und Begeisterung.
Das Feuer brennt in ihrem Bauch!
Die Menschen meines Stammes kennen den wilden Mann und
die wilde Frau in sich und haben keine Angst davor.

*Sie halten nichts für gegeben und selbstverständlich,
prüfen nach, machen ihre eigenen Erfahrungen und folgen
ihrer eigenen Intuition.
Frauen und Männer meines Stammes begegnen sich auf der
gleichen Ebene, achten und schätzen ihr Anders-Sein,
konfrontieren sich ohne Bosheit und lieben ohne Rückhalt.
Menschen meines Stammes gehen viel nach innen, um sich zu
sammeln, Kontakt mit den ureigenen Wurzeln aufzunehmen,
sich wieder zu finden, falls sie sich im Rausch des Lebens
verloren haben.
Und dann kehren sie gerne zu ihrem Stamm zurück,
denn sie mögen teilen und mitteilen, geben und nehmen,
schenken und beschenkt werden.
Sie leben Wärme, Geborgenheit und Intimität.
Allein fühlen sie sich zwar nicht verloren wie kleine Kinder und
können gut damit umgehen.
Sie leiden aber manchmal unter Isolation und sehnen sich
nach ihren Seelenschwestern und -brüdern.
Die Zeit unserer Begegnung ist gekommen!*

Autor unbekannt

♥

Blogbeiträge

An der Freiheit des Anderen
kommt keiner vorbei

Freiheit – das ist der Leitwert, den Reinhard K. Sprenger allen Überlegungen aus tiefer Überzeugung voranstellt.

Ohne Freiheit ist alles Handeln nichts.

Freiheit ist der Bezugspunkt, an dem niemand in einer Organisation vorbei kommt, es sei denn, es handelt sich um eine der verdrehten Organisationen, die den weit überwiegenden Teil der Konzerne, Staatsbürokratien und wahrscheinlich auch NGOs ausmacht.

Viele Menschen scheinen noch nicht bereit zu sein für diese elementare Form der Selbstbestimmung, obwohl sie die Voraussetzung für ein friedliches und frohes selbstbestimmtes Leben bildet, sowohl während der Arbeit als auch außerhalb.

Ohne Freiheit kann es keine Selbstverantwortung geben.

Selbstverantwortung ist der zweite Wert, das zweite Prinzip, auf dem die (Management)Philosophie des Erfolgsautors ruht. Es ist der tief verwurzelte Glaube und die voraussetzungslose Achtung der Selbstbestimmung und Selbstverantwortung erwachsener Menschen, aus der sich Sprengers konkrete Handlungsempfehlungen gerade für Führungskräfte ableiten.

Mit Freiheit und Selbstverantwortung geht Vertrauen einher, der dritte Wert. Vertrauen ist zugleich der Stoff, auf dem soziale Beziehungen beruhen, gerade auch anonyme. Vertrauen bringt die Menschheit voran.

Damit wird das vierte Prinzip fast zu einer Residualgröße: Motivation kann nur als Selbstmotivation erfolgreich sein. Die Masse der Unternehmen praktiziert indes das Gegenteil und entmutigt durch Motivationsbemühungen Mitarbeiter, die mit Zuckerbrot und Peitsche zu sprichwörtlichen Eseln degradiert werden.

Sprengers Alternative begreift Führung als das Gewährleisten von Rahmenbedingungen, die die proportionierlichste Bildung der Kräfte des Mitarbeiters ermöglicht. Dann gilt: „Entscheidungskompetenz folgt Sachkompetenz".

Freiheit, Selbstverantwortung, Vertrauen und Motivation, diese vier Prinzipien bilden zugleich die Kapitelstruktur des „Best of Bandes", den Sprengers Verleger nicht zuletzt aus Dankbarkeit für die inspirierende und erfolgreiche Zusammenarbeit zum 60. Geburtstag aufgelegt hat. Enthalten sind die besten Passagen aus den Werken Sprengers, die im Campus Verlag erschienen sind.

Es lohnt sich, das Kompendium griffbereit zu haben. Schon Sprache und Gedankenführung sind ein Genuss, die Inhalte von zeitloser Gültigkeit – klassisch im Wortsinn.

Literatur: Reinhard K. Sprenger: An der Freiheit des anderen kommt keiner vorbei. Das Beste von Reinhard K. Sprenger, Campus Verlag, Frankfurt am Main 2013, 286 S., 18,00 Euro.

Blattschneiderameisen als Vorbild

Blattschneiderameisen können als Vorbild für die deutsche Verkehrsinfrastruktur dienen.

Wie das? Ameisen inspirieren! Blattschneiderameisen bauen eine eigene Verkehrsinfrastruktur auf. Bis zu 200 Meter kann eine Straße lang sein, wie die Neue Zürcher Zeitung berichtete („Blattschneiderameisen überlassen das Putzen dem Zufall – mit Erfolg" vom 24.01.2019).

Geradezu spannend, wenn nicht wegweisend, ist es herauszufinden, wie sie es schaffen, die Straßen in einem guten Zustand

zu halten: Für Straßenabschnitte zuständige Teams sorgen eigeninitiativ und eigenverantwortlich dafür, dass es läuft, dass keine
Hindernisse liegen bleiben. All das geschieht offenbar ohne Plan,
ohne zentrale Koordination, ohne Hierarchie.

Das schöne Beispiel für Non-Zentralität ließe sich mit ein wenig
Kreativität auf das deutsche Verkehrs(un)wesen anwenden –
zum Wohl der Bürger auf Straßen und Bahntrassen. Dafür wäre
nicht einmal eine staatliche Dienstleistung erforderlich. Die
könnten private Unternehmen übernehmen. Selbst bei der Finan-
zierung ließe sich experimentieren, z.B. Pauschalen oder
Arbeitsstunden oder Selbstfinanzierung per Werbung, Nutzer
spezifischer Maut oder Fundraising.

Wie schon bei der Bionik, der Wissenschaft und Praxis, tech-
nische Probleme durch Übertragung von Lösungen der Natur zu
bearbeiten, kann auch hier die Natur als Lehrmeister angesehen
werden. Die Selbstorganisation ist ein universales Prinzip, vielfach unschlagbar, aber gegenüber dem Staat auch ein vermeintlich unsagbares.

P.S. Einen raschen Arbeitseinblick bei den Blattschneiderameisen von nur einer Minute ermöglicht der Zoo Rostock mit
einem Video, das sich rasch googeln lässt.

Courage: Großbritanniens Freiheit durch Brexit

Ist der Brexit erst einmal vollzogen, können die Briten frohen
Mutes in die Zukunft schauen. Freiheit ist die wichtigste
Ressource, die Großbritannien voranbringt, hingegen nicht alte
Industrien oder eine kontrollierte Kommissionswirtschaft
der EU.

Die EU hat bekanntlich große strukturelle Probleme und stützt
sich stark auf alte Industrien des 20. Jahrhunderts. Die Antwort
der EU im globalen Standortwettbewerb des 21. Jahrhunderts
lautet: Wenn wir Wettbewerber schon nicht schlagen können,
dann streben wir ein Steuerkartell an. Oder kürzer, wie Salvatore

Babones in seinem sehr lesenswerten Artikel im The Nationale Interest („Britain's Economic Future Depends On Brexit) schreibt: *„The European mantra is ‚if you can't beat them, tax them.'"*

Der amerikanische Soziologe, der als Professor in Sydney lehrt, hält den Brexit für einen Befreiungsschlag.

> *„If long-term economic forecasting is a mug's game, then at least one thing is certain: the European Union's centralized, controlled, grant-subsidized, government-led approach to technology development virtually guarantees that the future will be made elsewhere."*

Die aufkommenden netzwerkbasierten Technologiesysteme des 21. Jahrhunderts beruhten nicht mehr auf bloßem rationalen Denken, das im Übrigen die Deutschen so gut beherrschten, sondern auf Kreativität. Wenn man ein Auto bauen lassen wolle, sollte man nach Deutschland gehen; wer neue Transportsysteme erdenken wolle, müsse indes nach Kalifornien gehen.

Das Remain-Lager sei letztlich der Überzeugung, die Europäische Kommission wisse am besten, wie man Europas und Großbritanniens Zukunft plane. Leave-Anhänger würden hingegen den Briten – Bürgern, Unternehmen und Institutionen – zutrauen, ihre Zukunft selbst bestimmen zu können.

Offenkundig ist die EU-Kommission unfähig die Innovationswirtschaft des 21. Jahrhunderts zu planen. Manches erinnert an die Leistungen aus Ost-Berlin in den 80er Jahren. Großbritanniens komparativer Vorteil sind nicht produzierte Güter, Großbritanniens komparativer Vorteil ist die Freiheit – nach dem Brexit.

Danke tausendmal

Wie oft waren Sie in der letzten Woche dankbar? Haben Sie Ihre Dankbarkeit geäußert? Wer aus tiefem Herzen dankbar ist, lebt ein angenehmeres Leben. Wenn sie das nicht glauben, probieren Sie es aus.

A. J. Jacobs hat es ausprobiert, er hat Dankbarkeit zu einem intensiven Lebensabschnitt gemacht. Der Bestsellerautor aus New York verfügt zwar nur über ein winziges Büro, verfolgt aber großartige Ideen. Ich bin auf ihn durch ein Gespräch mit Russ Robert gestoßen. Im Podcast Econtalk berichtete Jacobs, wie ihn sein kleiner Sohn dazu brachte, allen Menschen persönlich zu danken, die an der Erstellung seines Morgenkaffees direkt und indirekt mitgewirkt haben.

Wer die Geschichte von „I, pencil" („Ich, der Bleistift") kennt, wird nicht vollkommen überrascht sein von der unüberschaubaren Zahl der Menschen, die arbeitsteilig einen 3 Dollar Kaffee in einem To-Go-Becher ermöglichen. Gleichwohl lernt der Leser einige der Helden des Alltags kennen und manches über die Herstellung von Kaffee, von dem Becher und den vielen Bestandteilen.

Wie viele gute Ideen darin stecken und wie viel Aufwand betrieben wird, erstaunt letztlich doch. Das gilt zum Beispiel für die aufwändige Konzeption und Herstellung des einfachen Plastikdeckels für ein bestmögliches, nippendes Trinken. Auch das Logo von Joe Coffee Company – dort kauft A. J. Jacobs jeden Morgen seinen Kaffee – ist in vielen, vielen Arbeitsstunden entstanden und bündelt die guten Wünsche und Anforderungen der Geschäftsführung.

Bis nach Kolumbien ist A. J. Jacobs gereist, um den Plantagenarbeitern zu danken. Sein Ziel, eintausend Menschen zu danken, hat er erreicht. Alle sind namentlich im Anhang des Buchs aufgeführt. Viele von ihnen haben nie Kundenkontakt, etwa diejenigen Verwaltungsmitarbeiter, die kontinuierlich die

Wasserqualität der Reservoirs in den Catskill Mountains 90 Meilen nördlich von Manhattan messen. Oder die Unternehmensmitarbeiterin, die sicherstellt, dass der Kaffee keine Schadstoffe enthält. Deutlich wird zugleich, dass herausragende Personen und Stars lediglich aus komplexen Teams herausragen. In einer im Buch erwähnten Anekdote über John F. Kennedy, der Cape Canaveral besuchte, antwortet ein Putzmann auf dem Flur auf die Frage des Präsidenten, was für einen Job er habe: „Ich helfe mit, einen Mann auf den Mond zu bringen."

Dankbarkeit ermöglicht eine positive Lebensperspektive. Dankbarkeit ist ein Weg zum Glück. Gerade weil wir Menschen auf die wenigen negativen Dinge im Alltag geeicht sind, lässt sich das Gehirn mit Dankbarkeitsroutinen austricksen – man fängt an zu glauben, was man tut. Wer sich also über etwas ärgert, darf sich über all das freuen, was ihm an guten Dingen widerfahren ist, oder an schlechten eben nicht.

Ich bin A. J. Jacobs und Russ Roberts für die guten Einsichten dankbar.

P.S. Das Buch gehört zur TED Reihe und ist gleichermaßen klein wie schön.

Literaturhinweis: A. J. Jacobs: Thanks A Thousand. A Gratitude Journey, New York 2018, 137 S., 15,31 Euro.

Du: Vertraue Dir selbst

Klassiker bestechen durch Zeitlosigkeit. Ihre Sprache mag etwas altertümlich erscheinen, eben aus dem 19. Jahrhundert. Die Ausdrucksweise ebenfalls. Es kommt indes auf das Wollen an, das hinter und in dem Text steckt. Wer die wahre Absicht des Autors erkennt, der wird ihm und dem Text gerecht. In der heutigen Zeit des Hypermoralismus ist das angesichts der ständigen Perversion von Texten besonders angebracht.

Ralph Waldo Emerson war ein amerikanischer Schriftsteller und Philosoph, der von 1803 bis 1882 vor allem in Massachusetts in der Nähe von Boston lebte. Als einer der führenden Köpfe der idealistischen Bewegung des Transzendentalismus trat Emerson für eine freiheitliche, selbstverantwortliche und der Natur zugewandte Lebensführung ein.

> *„I think we must get rid of slavery, or we must get rid of freedom."*

Seine kleine Schrift „*Vertraue dir selbst!*" ist ein Plädoyer für persönliche Unabhängigkeit und für charakterliche, eigentümliche Freiheit. Mit Verve argumentiert Emerson dafür, seinem wahren Selbst Ausdruck zu verleihen und sich nicht von herkömmlichen Konventionen, darunter Konsistenz und Angepasstsein, einschnüren zu lassen.

> *„Ich hoffe, wir haben in diesen Tagen von Konformität und Konsequenz zum letzten Mal reden gehört."* und
> *„Beharre auf Dich selbst; ahme niemals nach!"*

Seine Hoffnung hat sich nicht erfüllt. Kaum jemals zuvor scheint Konformität eine stärkere Leitlinie gewesen zu sein als in der Zeit von „Die Mannschaft", Genderkakophonie und Klimahysterie. Im Trend liegt, wenn auch weitaus vorsichtiger formuliert, seine zweite Botschaft, nämlich sich selbst Ausdruck zu verleihen.

Offenkundig geht nur beides zugleich: auf sich selbst beharren und eigenständig bleiben. Eine Kurzform lautet: eigentümlich frei.

Literatur: Ralph Waldo Emmerson: Vertraue dir selbst!: Ein Aufruf zur Selbständigkeit des Menschen, 2016, 36 S., 3,95 Euro (Taschenbuch)

Eigentum als Fundament der Demokratie

Profunde Beiträge warnen in einem Sammelband vor Auswüchsen der heutigen Umverteilungsgesellschaft.

> *„Das individuelle Privateigentum, bei gerechter und allgemeiner Verteilung, bildet das einzig uns bekannte einigermaßen sichere und feste Fundament für Freiheit, Unabhängigkeit und Menschenwürde jedes Einzelnen."*

Diese bedeutungsschwere Einschätzung von Alexander Rüstow aus dem Jahr 1950 teilten auch die übrigen Gründerväter der Sozialen Marktwirtschaft von Ludwig Erhard bis Wilhelm Röpke.

Heute ist die Privateigentumspolitik zu einer staatlichen Umverteilungspolitik degeneriert. Eine Umfrage des Allensbach Instituts zeigt: Lediglich 41 Prozent der Befragten sind überzeugt, dass nur Eigentum dazu imstande ist, persönliche Sicherheit und Unabhängigkeit zu gewährleisten.

Die schlimmsten Befürchtungen unserer Gründerväter haben Gestalt angenommen: Die staatliche „Ökonomokratie" hat eine Bevölkerung von „Sozialrentnern" geschaffen. Wer sein Schicksal und Leben dem Staat überantwortet, verliert das Gefühl für Wert und Würde der Persönlichkeit und wird unsicher. Davon war Ludwig Erhard überzeugt.

Die Stiftung Familienunternehmen versucht, der Erosion des Fundaments unserer Demokratie entgegenzutreten.

Der außerordentlich vielseitige, bei Herder erschienene Band „*Eigentum. Warum wir es brauchen. Was es bewirkt. Wo es gefährdet ist*" bietet eine Fülle von Perspektiven auf das Eigentum, seine Formen, Veränderungen und Voraussetzungen, die mit Eigentum verbundenen Herausforderungen und Verpflichtungen, die vielen bekannten Gefährdungen und einige alte wie neue Alternativen, von der Allmende bis zur Share Economy.

Das Buch beginnt mit der im Grunde erschreckenden, ein wenig schön geredeten Umfrage. Lediglich 42 Prozent der Befragten verstehen offenbar noch, dass Eigentum sowohl dem Wohl des Einzelnen als auch dem der Gemeinschaft dient. Dazu passt der erste Satz des Buches:

> *„Eigentum wird heute vielfach mit Verteilungsfragen verbunden."*

Wo bleiben da Unabhängigkeit und Menschenwürde? würde Alexander Rüstow fragen.

Das Buch ist klug konzipiert. Alle 15 Kapitel nach der Auswertung der Meinungsumfrage sind zweigeteilt. Einem konzisen, informativen Überblickstext folgt ein thematisch passendes Interview mit einem Wissenschaftler. Die Experten stammen primär aus den Wirtschaftswissenschaften, vertreten aber auch Philosophie, Geschichte und Neuroökonomie. Der frühere Bundesverfassungsrichter Paul Kirchof gehört ebenso dazu wie Hans-Werner Sinn und Carl-Christian von Weizsäcker sowie der Historiker Harold James. Der Epilog enthält zehn Thesen. Sie folgen dem Tenor, dass Eigentum einen unverzichtbaren Baustein für wirtschaftlichen Erfolg bildet, und sie stecken die Aufgabe ab, die westlichen Wirtschaftsordnungen wieder besser zu gestalten und den gesellschaftspolitischen Umgang wieder in konstruktivere Bahnen zu lenken.

Für das Ziel, eine Debatte anzustoßen, wurde wissenschaftlich und allgemeinverständlich gut gearbeitet. Das über 330 Seiten umfassende Kompendium erschließt und liest sich schnell. Die Herausforderung dürfte darin bestehen, Diskussionen dort anzustoßen, wo die etablierte Schar der Wissenden und Wohlmeinenden aufhört. Dazu werden innovative Ansätze in den sozialen Medien einschließlich einprägsamer Videos erforderlich sein.

Vieles ist so grundlegend, dass es in die Schulen gehört. Zur Bedeutung von Eigentum für eine Marktwirtschaft heißt es eingangs:

> *„Privates Eigentum ist, neben der freien Preisbildung die wohl wichtigste konstituierende Voraussetzung für eine moderne Markt-wirtschaft.“*

Das sollte in viel mehr Köpfen in der Schule abrufbar sein, vor allem in Lehrerköpfen. Als Unterrichtsstoff sei das Kapitel *„Zwischen Voraussetzung und Gefährdung“* empfohlen.

Ergänzen ließe sich wiederholt die weit über die Wirtschaft hinaus reichende Bedeutung von Eigentum, das Ausdruck persönlicher Freiheit und Voraussetzung einer freien Gesellschaft ist. Paul Kirchhof weist auf das Grundprinzip hin: (nur) Eigentum ermögliche die individuelle Entfaltung und setze Leistungsanreize. Wer über das Wort Familienunternehmer nachdenkt, erkennt zudem die darin enthaltene Pflege von Eigentum über Generationen hinweg.

Das Ausmaß der staatlichen Verstöße gegen das Privateigentum kommt strukturell zu kurz. Dem sprichwörtlichen Mops, der den Wurstschatz bewachen soll, wird zu viel wohl meinende Gestaltungsabsicht beigemessen. Sozialismus und Bürokratismus, Rekordsteuereinnahmen und vernachlässigte Infrastruktur, aber auch die Euro-Krise weisen auf Sonderinteressen verfolgende Politiker und Staatsdiener hin. Hans-Werner Sinn erläutert das mit einem Hinweis auf Adenauer. Der habe privaten Häuserbau befürwortet als Schutz gegen sozialistische Experimente.

> *„Denn wenn wenig Eigentum da ist, neigt man dazu, seine Probleme durch Umverteilung zu lösen, also indem man es anderen wegnimmt.“*

Und er fährt fort:

> *„Wenn man das privat tut, kommt man in den Knast. Wenn man es kollektiv tut, beispielsweise durch die Wahl entsprechender Parteien ..., ist es*

zwar legal, aber in seinen Konsequenzen katastrophal.“

Eigentum erfordert mündige Bürger.

Privateigentumspolitik soll Politik überflüssig machen.

Um beides zu erreichen, ist mehr als ein Buch erforderlich.

Quelle: veröffentlicht in Junge Freiheit Nr. 36 /18 vom 31. August 2018, 21.

Empfehlung: Bibliothek des Konservatismus

Ich mag Bibliotheken. Sie sind ein Ort der Ruhe, der produktiven Kontemplation. In Berlin gibt es eine ganze Reihe besuchenswerte. Eine habe ich gleichsam neu entdeckt: die Bibliothek des Konservatismus. Sie liegt im Herzen von West-Berlin und bietet einen sehr angenehmen Ort der Forschung, des Wissens und der Diskussion.

Eigentlich herrscht in einer Bibliothek Stille. Das ist auch in der Fasanenstraße der Fall, nur nicht einmal pro Woche am Abend. Dann findet dort ein Vortrag mit anschließender Diskussion statt. Die Themenpalette ist breit. Wer ein klares, feststehendes Urteil über Konservative gefällt hat, sollte es dort überprüfen. Die Themenpalette reicht von der Außen- und Sicherheitspolitik, über Bildung und Geschichte bis zu Philosophie und Staatspolitik. Den Festvortrag zur Eröffnung hielt 2012 Alexander Demandt, der Althistoriker, der zugleich der vermutlich letzte Universalhistoriker in Deutschland ist.

Ich habe bei meinem Vortrag *"Vom Niedergang der Demokratie - für einen freiheitlichen Staat"* ein interessiertes, engagiertes Publikum erlebt und einen vorbildlichen Ort demokratischen Austauschs. Dazu zählt auch ein überaus freundlicher Empfang. Wertschätzung als Grundlage von Kommunikation, gerade bei kontroversen Themen, ist heute eine schwindende Haltung, aber nicht in der BdK.

Die Vorträge werden in der Schriftenreihe der Bibliothek, die auch eine Denkfabrik ist, veröffentlicht. In meinem Fall ist das der Band *„Erträge 7"* vom Dezember 2018.

Eine erste Zusammenfassung aus Sicht des Organisators ist auf der Internetseite der Bibliothek erschienen. Außerdem können Sie einen Video-Mitschnitt des Vortrags ansehen.

Sollten Sie in Berlin sein, lohnen sich vorab ein Blick ins Programm und eine Anmeldung. Nicht bei jedem Vortrag lässt sich an der Abendkasse noch ein Platz ergattern.

Führung als spirituelle Aufgabe

Der Benediktiner Mönch Anselm Grün ist ein Bestsellerautor und Cellerar der Abtei Münsterschwarzach (Leiter der Wirtschaftsbetriebe). 20 Betriebe mit 300 Mitarbeitern werden von ihm geführt.

Unter Führen versteht der 1945 Geborene eine spirituelle Aufgabe – in enger Anlehnung an den Gründer des Benediktinerordens Benedikt von Nursia.

Anselm Grün erläutert die Regeln Benedikts, die dieser in einem Kapitel über den Cellerar niedergelegt hat.

Praktisch handelt es sich um eine Ethik der Führung, die das gleichermaßen zeitlose wie aktuell wieder stärker thematisierte Bedürfnis nach Werten bedient.

In sieben Kapitel werden die Eigenschaften eines Führers und das „richtige" Menschenbild geschildert. Führung soll Diakonie sein, also Dienst am Menschen. Anschließend wird der achtsame Umgang mit Dingen und Menschen behandelt.

Es folgt ein Appell, sich um sich selbst zu sorgen, da nur der recht zu führen vermag, der mit sich selbst im Reinen ist. Im letzten

Kapitel wird als Ziel des Führens eine spirituelle Unternehmenskultur benannt.

Anselm Grün dürfte vielen Menschen nicht nur im Berufsalltag aus der Seele sprechen. Sein umfangreicher, streckenweise nicht enden wollender Eigenschaften- und Verhaltenskatalog enthält eine Kurzformel:

> *„Führen heißt vor allem Leben in den Menschen wecken, Leben aus ihm hervorlocken.“*

Damit ist eine Stärke und zugleich Schwäche des Führungsansatzes benannt.

Die Bodenständigkeit der Appelle und Empfehlungen stellt eine Stärke dar.

Die Betreuungs-, Erziehungs- und Erweckungsaufgabe eines mit gottgleichen Eigenschaften ausgestatteten idealen Führers droht dessen Funktion zu überfrachten.

Mit Reinhard K. Sprenger lässt sich argumentieren, dass auch beim Führen weniger mehr bedeutet. Führen heißt demnach, Freiheit und Selbstverantwortung der Menschen durch Vertrauen und Unterstützung zu stärken. Sonst droht der Geführte, in der Unmündigkeit festgehalten zu werden.

Ungeachtet dessen finden nicht nur Christen bei Anselm Grün eine Fülle inspirierender Gedanken für jeden Tag.

Literatur: Anselm Grün: Menschen führen – Leben wecken, dtv, 7. Auflage München 2012, 128 Seiten.

Großartige Bildung für Kinder

Wie funktioniert die Marktwirtschaft? Können Sie auf diese Frage eine eingängige Antwort geben? Einige Menschen werden eine gute Beschreibung hinbekommen, doch eine fesselnde Erzählung? Eher nicht. Ohnehin ist das Verständnis von Marktwirtschaft, Arbeitsteilung und spontaner Ordnung auch in bürgerlichen Schichten unterentwickelt. Kein Wunder, dass die Staatsgläubigkeit wuchert.

Zum Glück gibt es die Geschichte *„Ich, der Bleistift"*. Wohl jeder, der sie gelesen hat, ist angetan. Leonard E. Read hat 1958 mit der englischen Originalfassung *„I, pencil"* eine meisterhafte Erzählung geschaffen. „Wer kann einen Bleistift herstellen?" lautet die Leitfrage. Die Antwort mutet zunächst verblüffend an: „Nicht ein einziger Mensch!" Die Geschichte der Herstellung eines Bleistifts zeigt die wunderbare Kooperation einander fremder Menschen. Am Ende des Essays heißt es:

> *„Die Lehre, die ich zu erteilen habe, ist: Lasst alle kreativen Energien unbehindert. Organisiert die Gesellschaft nur insoweit, dass sie in Harmonie mit dieser Botschaft handelt. Die Rechtsordnung der Gesellschaft soll alle Hindernisse so gut wie möglich entfernen. Erlaubt diesen kreativen Fähigkeiten frei zu fließen."*

Worum geht in der Marktwirtschaft? Knappe Ressourcen – auch, aber viel mehr um die Lösung des Koordinationsproblems.

Warum berichte ich über Leonard E. Read von der Foundation of Economic Education, einer der ersten privaten Bildungsinstitutionen für Erwachsene, die heute als Think Tank bezeichnet werden? Einerseits, weil es nicht genug Werbung dafür geben kann. Andererseits, weil es nunmehr die Geschichte über den wunderbaren Bleistift auch für Kinder gibt.

Der Amerikaner Connor Boyack hat beherzt die Lücke gefüllt, die bei Kinderbüchern besteht, wenn es um Recht, Gesetz und Marktwirtschaft geht. Elijah Stanfield hat schöne Zeichnungen beigesteuert. Und Enno Samp sei Dank! Er hat eigeninitiativ die deutsche Übersetzung übernommen.

Ich kann das Buch: *„Die Tuttle Zwillinge und der Wunderbare Bleistift"* aufs Wärmste empfehlen.

Enno Samp hat übrigens weitere Kinderbücher von Connor Boyack übersetzt, darunter *„Die Tuttle Zwillinge und das Gesetz"* und *„Die Tuttle Zwillinge und das Ungeheuer von Jekyll Island"* sowie *„Die Tuttle Zwillinge auf der Suche nach Atlas"*.

Eine Ausgabe sollte in jedem Familienbücherregal stehen.

Herrschaftsstreben währt ewig: Dogen, Bürokratie und Kirche

Venedig bietet nicht nur morbiden Charme, sondern Einblicke hinter die glänzenden Kulturkulissen der einst bedeutenden Wirtschafts- und Militärmacht.

Zwei venezianische Einsichten möchte ich kurz teilen:

1. Bürokratie ist unvergänglich und dehnt sich aus

Im Dogenpalast, dem früheren Zentrum der Macht des städtischen Fürsten und der ihn umgebenden Oligarchie, gibt es einen Saal, der Consiglio dei Dieci heißt. Der Saal des Zehnerrats geht auf eine Institution zurück, die eine einzige, sehr begrenzte Aufgabe besaß: die Verschwörer des Jahres 1310 zu verurteilen. Bemerkenswerterweise passt die Bürokratietheorie wie die sprichwörtliche Faust auf's Auge. Einmal gegründet, suchten die Mitglieder des Rates sich neue Aufgaben und Kompetenzen, die sie schließlich sogar „auf fast jeden Bereich des Privatlebens ausweiteten" wie es in der erläuternden Beschilderung heißt. Der Hinweis auf die Verteidigung des Staates reichte aus, um unnachgiebig, intransparent und rasch die bestehende Herrschaft zu sichern.

2. Machtpolitik und Konstruktivismus – weltliche und kirchliche Herrschaftsmechanik

Beim Blick auf die zahllosen Ölgemälde kam mir eine Theorie in den Sinn, inspiriert durch die vielen Schlachten, religiösen Abbildungen und Herrschaftssymbole. Die weltliche Macht fußt auf Machtpolitik, auf Mitteln der Gewalt, d.h. der Fähigkeit, physische Gewalt anzuwenden. Entsprechende Herrschaftssymbole flankieren und manifestieren diese Fähigkeit, wodurch es nicht notwendig ist, ununterbrochen Gewalt anzuwenden. Bei der Kirche verhält es sich andersherum. Die Kirche tritt zuerst konstruktivistisch auf. Sie verspricht Heil, Erlösung, irdische und vor allem jenseitige Wohlfahrt, wenn man sich ihr unterwirft. Dabei dürfte das Beichtsystem nicht nur Unterwerfung, sondern auch grandiose Bespitzelung gewesen sein. Im Übrigen waren Kirchenführer, wenn es darauf ankam, in der Lage, physische Gewalt einzusetzen.

In einer Kurzformel festgehalten, beruht die weltliche Macht zunächst und zu – sagen wir – zwei Dritteln auf der Fähigkeit, physische Gewalt auszuüben, und erst danach und zu einem Drittel auf Konstruktivismus. Bei der Kirche ist es umgekehrt: zwei Drittel Konstruktivismus und ein Drittel physische Gewalt (es geht mir um das Verhältnis, nicht den genauen Anteil).

Beide standen im Wettbewerb, beide nutzten einander, beide hatten mal die Nase vorn. Und die Bevölkerung musste beiden dienen, vielfach tat sie es sogar gerne.

Im Taschenformat: Kleine Philosophie der Macht

Es gibt schöne Bücher. Es gibt Bücher, hinter denen ein kluger Kopf steckt, der sie erdacht und geschrieben hat. Die kleine Philosophie der Macht ist ein Buch, das anmutig wirkt, zugleich tiefgründig, zuweilen mit einem Augenzwinkern. Das dritte der dem Text vorangestellten Zitate stammt von Jimi Hendrix:

> *„Wenn die Macht der Liebe die Liebe zur Macht*
> *überwindet – erst dann wird es Frieden geben.“*

Peter Cornelius Mayer-Tasch ist Professor im Ruhestand und hat etwas zu sagen, über Macht und Ohnmacht. Dazu spannt er den Bogen von der Begriffsgeschichte im Kapitel „Die Macht beim Wort genommen“ über die Anbetung der Macht in „Herr, wir preisen Deine Stärke ..." bis zu den Quellen, Wegen und Formen der Macht. Zudem betrachtet er das Verhältnis von Macht und Recht sowie Macht und Ethik. Machtlosigkeit als Utopie bildet den Abschluss und Ausblick, wäre da nicht noch der Annex zur Gartenkunst als Mittel der Machtentfaltung.

Als Leser spürt man nicht nur die Gleichzeitigkeit von weiser Distanz und eindringlicher Verbindung mit dem Thema, sondern erlebt auch die Perspektivenvielfalt eines reichen Wissenschaftslebens. Im Leben des Münchener Hochschullehrers dominieren Rechts- und Politikwissenschaften, eingebettet in Geschichte und Kunstgeschichte, flankiert von internationaler Erfahrung und gleichsam gewürzt mit einem Hang zur Ökologie.

Macht leitet sich begrifflich vom Hausbau ab, vom Kneten des Lehms. Später wurde das Zeitwort „machen" zu einem Allerweltsbegriff. Macht ist ein Potential, auch beim erstrebten „Rübermachen" aus der DDR in den Westen. Die Anbetung der Macht ist eng verbunden mit der Hackordnung, die elementarer Bestandteil der menschlichen und tierischen Lebenswelt ist. „Macht macht attraktiv", aber nur die Mächtigen bedürfen der Anbetung.

Die kriegerische Eroberung ist für Peter Cornelius Mayer-Tasch der Archetypus der Machtgewinnung. Herrschaft lässt sich am einfachsten durch umfänglichen Austausch des Führungspersonals gewährleisten, früher den flächendeckend das Land beherrschenden Adel. Heute ist eine solche dauerhafte Herrschaft bei Flächenstaaten nicht möglich, wie das Beispiel der Kolonialisierung und Entkolonialisierung verdeutliche. Stattdessen sei die soziopolitische und sozioökonomische Akkulturation der größte erzielbare Nutzen.

Ein zweiter Weg zur Macht ist der Besitz von Geld und wirtschaftlicher Macht, die Macht über Menschen ermöglicht. In jedem Fall wird der Aufstieg durch Helfer, Mentoren und nicht zuletzt die Familie begünstigt. Auch der Macht der Schönheit widmet Peter Cornelius Mayer-Tasch seine Aufmerksamkeit, sei es in Literatur, Kunst, Architektur oder durch Gelehrte – von

Leonardi da Vinci bis Albert Speer. Die soziokulturellen Prozesse sind vielfältig und bieten über die gestreiften Jahrhunderte hinweg viel Gelegenheit zur Reflexion:

> *„Die Macht der Ohnmacht ... ist die Macht, auch gegen den Strom zu schwimmen, vielleicht aber auch, Macht über die eigenen Triebtendenzen zu gewinnen, es also nicht nur ‚den Anderen zu zeigen', wozu man fähig ist."*

schreibt Peter Cornelius Mayer-Tasch.

Wenig hat sich im Laufe der Menschheits- und Machtgeschichte geändert. Immer noch schafft die Autorität das Gesetz, nicht die Wahrheit. Politik sei der Bewegungs-, Recht der Hegungsstil des sozialen Lebens. Der Macht bleibt stets das letzte Wort:

> *„Kommt die Macht.*
> *Fällt das alte Recht in Acht."*

laute ein Sprichwort.

Stoa und Kant sowie liberales Denken sind im Abschnitt über Macht und Ethik enthalten. Bedenkenswert erscheint:

> *„Macht und Ethik stehen keinesfalls zwingend in einem Spannungsverhältnis. Überall dort, wo sich Verantwortungsbewusstsein, Gerechtigkeits- sinn, Einfühlsamkeit und Fürsorglichkeit bei den ... Mächtigen findet, wird das Zusammen- wirken von Macht und Ethik zu einem Glücksfall ..."*

Der Wettlauf und der Kreislauf des Machtstrebens bleiben unaufhörlich und enden erst im Tode. Die Macht wohne im Menschen. Ihr Verzicht könne lediglich ein begrenzter taktischer, aber kein finalstrategischer Schritt sein. Insofern könne man das Phänomen weiter bewundern.

Peter Cornelius Mayer-Tasch: Kleine Philosophie der Macht, Franz Steiner Verlag, Stuttgart 2018, 130 Seiten, gebunden, 19,90 Euro.

Jahrhundertreform: Wiederaufbau von Demokratie, Marktwirtschaft und offener Gesellschaft

Ich habe mich in den letzten Tagen intensiver auf Facebook aufgehalten. Die vielfältige Kritik an den herrschenden Zuständen ist ein gutes Signal. Offenkundig gibt es nicht nur demokratische Sklaven (Kenneth Menogue), die politisch korrekt ihren Herren folgen, sondern auch eigensinnige Individuen mit Maß, Mitte und Kompass.

Kritik an den herrschenden Verhältnissen bleibt eine sehr wichtige Aufgabe. Das, was Politiker und die sie puschenden Lobbyisten und NGOs treiben, galt früher vielfach als lächerlich, peinlich und niveaulos. Heute suchen zu viele Wähler und Transferempfänger von Geldern und vermeintlicher Sicherheit ihre Vorteile über den politischen Transmissionsriemen. Dabei kann nicht oft genug gesagt werden: Politiker haben KEIN RECHT, uns zu sagen, wie wir zu leben haben.

Und weil das so ist, stehen wir vor einer weitaus größeren Aufgabe: einer Jahrhundertreform. Es gilt die Institutionen anzupassen, das politische Personal auszutauschen, die Bürokraten auf Kurs zu bringen – also den Staat und die Lobbyisten in ihre Schranken zu weisen. Daher sollten wir zusätzlich zur Kritik einen steten Strom von Verbesserungsvorschlägen schaffen, die geeignet sind, den Missständen Einhalt zu gebieten und etwas Besseres an die Stelle all des Schlechten zu setzen.

Ein konkretes Beispiel ist die Veränderung von Wahlen durch das Einführen von Losverfahren. Ein unbestechliches Verfahren, um die Karrierepläne von Berufspolitikern zu durchkreuzen und Machtpotenziale gerade auch in Partien zu erschüttern:

> *„Wahlen sind heutzutage primitiv. Eine Demokratie, die sich darauf reduziert, ist dem Tode geweiht.“*

urteil der belgische Journalist David Van Reybrouck, der zugleich glaubt, dass

> *„der Systemkrise der Demokratie abgeholfen werden kann, indem man dem Losverfahren eine neue Chance gibt."*

Van Reybrouck tritt dem alles durchdringenden Gedanken entgegen, der Urnengang sei die einzige Möglichkeit der Repräsentation. Gegen die „Diktatur der Wahlen" setzt er das ergänzende Losverfahren, wie es in der antiken Demokratie erstmals praktiziert und später insbesondere in den italienischen Republiken fortentwickelt wurde.

Das ist nicht mehr als ein Kieselstein. Legen wir jeden Tag einen Kiesel dazu, entsteht schon bald ein kleiner Berg – ein Fels in der Brandung.

Klassiker: Mythos Manchestertum

Detmar Doering hat mit seinem Essay „*Mythos Manchestertum. Ein Versuch über Richard Cobden und die Freihandelsbewegung*" vom Juni 2004 eine zeitlos wertvolle Schrift verfasst. Die Lektüre der online frei verfügbaren Broschüre lohnt immer wieder.

Detmar Doering zählt zu den klassischen Liberalen und hat insbesondere als langjähriger Leiter des Liberalen Instituts mit seinen hervorragenden Kontakten und Einsichten die Friedrich Naumann Stiftung weit über deren Grenzen hinaus bereichert.

In seinem Versuch über Cobden (und Bright und andere Mitstreiter) wird u.a. deutlich:

✓ wie sehr sich die Manchesterkapitalisten für die Armen eingesetzt haben, weil sie in einem langen Kampf gegen die Getreidezölle schließlich obsiegten,

✓ wie es möglich war und vielleicht ist, massenhaft Menschen auf die Straße zu bringen und in Versammlungen aufzuklären, europaweit,

✓ wie lebenswichtig Freihandel und freie Märkte sind, während von deren Regulierung nur eine kleine Klasse profitiert,

✓ wie das Establishment schließlich den Begriff durch konsequente Diffamierung pervertiert hat.

Die sogenannten Manchesterliberalen waren Menschenfreunde und Friedensbringer. Richard Cobden wurde als "Champion of the poor" verehrt, zahlreiche Denkmäler wurden zu seinen Ehren errichtet.

Langfristig geht es uns besser

„Im politischen Alltag geht die zwei Jahrhunderte währende Erfolgsgeschichte der Menschheit unter. Die Schlagzeilen werden von Problemen statt Lösungen beherrscht. Selbst Liberale, die mit feinem Gespür die aktuellen Defizite wahrnehmen, verlieren darüber die mittel- bis langfristige Lebensverbesserung aus den Augen."

Das schrieb ich in einer ausführlichen Rezension des lesenswerten Buches „*Progress. The reason to look forward to the future*" von Johan Norberg im Oktober 2017 im Forum Freie Gesellschaft.

Tatsächlich wird die Welt immer besser; allerdings nur dort, wo Freiheit existiert und Vernunft, statt der im Westen zunehmend Raum greifenden politisch-sozialen Dekadenz.

Auf den Fortschrittstrend weist auch Art Carden beim Independent Institute hin: „*What are you Thankful for? Here Are Five Awesome Global Trends*".

Welche fünf positiven Trends stellt der Associate Professor of Economics an der Samford University's Brock School of Business heraus?

1. Lese- und Schreibfähigkeit: Vor 200 Jahren konnten nur 10% der globalen Bevölkerung lesen und schreiben, heute sind es fast 90%.

2. Wohlstand: Binnen 150 Jahren ist das reale Pro-Kopf-Einkommen weltweit enorm gestiegen, am stärksten im Westen, am wenigsten stark in Afrika.

3. In nur einem Vierteljahrhundert ist die Weltbevölkerung um 2 Milliarden gewachsen und die Hygiene-Verhältnisse haben sich deutlich verbessert.

4. Die Gewalt ist zurückgegangen, darunter die Zahl der Morde (pro 100.000 Menschen).

5. Die Lebenserwartung hat sich seit 1870 mehr als verdoppelt.

Diese gesunde Entwicklung dürfen wir uns angesichts der vielfach kranken Gedanken, die den Ton in politisch-medialen Debatten angeben, in Erinnerung rufen, auch weil Krankheiten zur Ansteckung neigen.

Lehren für ein besseres Leben – von einem Supermodell

Krisen formen den Charakter. Diese Weisheit stammt von Tom Landry, einem legendären NFL Coach (National Football League). Gisele Bündchen, Supermodell, verheiratet mit Tom Brady, dem größten Quarterback aller Zeiten, hat als junge Frau eine existentielle Krise durchlebt und aus eigener Kraft überwunden. Sie hat ihr Leben geändert.

Die Lektion, die ihr das Leben erteilt hat, teilt sie in einem ansprechenden Buch mit der Welt. Enthalten sind sieben Lehren, die in der herausfordernden Aufgabe der Selbsterkenntnis kulminieren. Unter dem Untertitel „*My Path To A Meaningful Life*" findet der Leser bereichernde Alltagsweisheiten und viele private Einblicke in fast vier Jahrzehnte eines ungewöhnlichen Lebens.

In New York wäre Gisele Bündchen im Alter von nur 23 Jahren fast aus dem 9. Stock eines Hochhauses gesprungen, um ihren Ängsten zu entkommen. Zu dieser Zeit war sie bereits 7 Jahre als Modell berufstätig und litt unter einer Art Monster-Burnout. 350 Tage Arbeit pro Jahr in der ganzen Welt waren zu viel. Der vermeintlich glamouröse Job wunderschöner laufender Kleiderständer hat beschämend menschenverachtende Seiten. Das gilt, sobald der Mensch zum funktionierenden Ding degradiert wird, in der Branche offenbar regelmäßig. Ausgerechnet Gisele Bündchens Durchbruch als Modell in der Alexander McQueen Show 1998 war so ein Tiefpunkt.

Der Zufall spielt im Leben eine große Rolle, wahrscheinlich eine größere, als im Buch angedeutet wird, etwa wenn es um das Aussehen eines sehr großen Mädchens mit vermeintlich zu großer Nase, zu kleinen Augen und zu großem Busen geht. Und so verkörperte Gisele Bündchen den Wandel vom Heroine Look zu „die Kurven sind zurück", wie Vogue trendsettete. Ähnlich wie ihr Mann fiel sie zunächst durch alle Raster, um dann durch etwas Besonderes herauszuragen.

Vom Erfolg zur Krise: Wie reagierte Gisele Bündchen mitten in ihrer lebensbedrohlichen Krise? Yoga rettete ihr das Leben – sie engagierte eine Yogalehrerin. Die Umstellung ihrer Ernährung stärkte Körper, Seele, Geist – weg von Fast Food zu bewusster, gesunder Ernährung. Ihr latenter Pantheismus und das Aufwachsen in einfachen, aber herzlichen Familienverhältnissen dürften für eine Art Bodenbildung gesorgt haben.

Die Lebenslehren ranken sich um die Krise. Alles beginnt mit Disziplin. So lauten das erste Kapitel und die dominierende Devise einer Frau, die Schritt für Schritt nicht nur rund um die Laufstege der Welt hart für ihren einzigartigen Erfolg gearbeitet hat. Ihr Ziel ist es stets, das Beste aus sich zu machen, gerade als Mutter und Ehefrau.

Zu einem modernen Lebensratgeber passt, dass Herausforderungen und Probleme als Gelegenheiten gedeutet werden, um sich weiter zu entwickeln.

Wiederholt hebt die Umweltaktivistin und -unternehmerin die Qualität der Beziehungen hervor, die die Lebensqualität maßgeblich beeinflussen. Als Zwilling in einer Familie mit sechs Mädchen aufgewachsen, selbst Mutter von zwei Kindern und Besitzerin zahlreicher Hunde, pflegt Gisele Bündchen eine Vielzahl von Kontakten und Freundschaften. Das Überwinden kultureller Grenzen fiel ihr schwer: hier die deutschstämmige Brasilianerin, dort der kosmopolitische Schein der Modebranche und schließlich die nüchterne Professionalität im winterkalten Boston.

Eine bedeutende und vermutlich weithin unterschätzte Lektion lautet: Unsere Gedanken und Worte sind mächtig, wir sollten sie weise benutzen. Das bedeutet, wer harte Worte verwendet und auch so denkt, kann sich und anderen unnötig Schaden zufügen.

In der zunehmend verstädterten, schnelllebigen Welt ist das eine besondere Herausforderung. Das gilt umso mehr, als der Kontakt zur Natur zumindest im Alltag leicht verloren geht. Dazu passend weist Gisele Bündchen darauf hin, die Natur sei unser größter Lehrer. Natur kann heilen und Einsichten zutage fördern, sie kann uns helfen, unsere Grenzen zu verschieben. Und sie bietet gute Nahrung.

Das führt zur letzten Lektion, der Jahrtausende alten Einsicht, dass in einem gesunden Körper ein gesunder Geist wohnt. Gisele Bündchen nennt das: Achte auf Deinen Körper, so dass er sich um Dich kümmern kann.

Über allem steht die im Vorwort formulierte Aufforderung, ein Leben in Liebe zu führen. Das bedeutet, Selbstliebe und die Liebe anderer Menschen im Einklang mit der Erde, auf der wir leben.

Autobiographische Ratgeber kommen einer Gratwanderung nahe. Wer sich offenbart, macht sich verwundbar. Wer authentische Lebensweisheiten bieten kann, vermag andere Menschen zu inspirieren. Wer seine Überzeugungen mitteilt, trifft auf ähnliche, gleiche, unterschiedliche Ansichten. „Was ist neu?", werden Leser fragen. „Wer ist die Zielgruppe eines persönlichen Ratgebers, der von einem Supermodell stammt?", ließe sich entgegnen; eine Frau, die im Alter von nur 14 Jahren angefangen hat zu arbeiten, ohne Ausbildung, über weite Strecken auf sich allein gestellt.

Stars genießen leichter große Aufmerksamkeit, auch mit einfachen Lektionen. Wer offen ist für das, was als Wollen hinter dem Buch steht, der findet viel Inspirierendes. Letztlich ist das Rezept für ein glückliches Leben recht einfach: eine gute Familie, gute Gedanken und Taten, vernünftige Ernährung und ansprechende körperliche Fitness – gleichsam Maß und Mitte. Das wird manchem Leser aufgrund der fast angestrengt wirkenden positiven Lebenssicht, eines unaufhörlichen Verbesserungsstrebens und mancher Gleichförmigkeit in den Botschaften auffallen.

Wenn es jedoch so einfach ist, dann kann es doch auch jeder einfach tun – inspiriert oder bestärkt durch die Lektüre. Human Action macht den Unterschied.

Literatur: Gisele Bündchen: Lessons. My Path to A Meaningful Life, New York 2018, 232 S., 28 USD.

Mut zur Verbundenheit mit Dir selbst und anderen

Ein starkes Rückgrat und ein sanftes Auftreten – Mut, aber auch Verletzlichkeit zulassen. Dort, wo unser Herz uns hinführt, sind wir zu Hause, in der Wildnis, die uns aufgrund ihrer Intensität zuweilen erschrecken lässt.

Sobald wir erkennen, dass diese Wildnis in uns liegt, dass sie ein Teil von uns ist und wir in ihr zuhause sind, werden wir zu dem Menschen, der wir sind.

Statt sich zu panzern, statt aggressiv auf Angriffe und Bullshit zu reagieren, gelte es, Grenzen zu ziehen, aber in Verbindung mit unseren Mitmenschen zu bleiben.

Es sei schwer, jemand von Angesicht zu Angesicht zu hassen, ungleich einfacher, in der gesichtslosen Anonymität sozialer Medien seinen Gefühlen ungezügelt Lauf zu lassen.

Sobald wir erkennen, dass wir Menschen miteinander in Verbindung stehen, dass es einen Geist gibt, der uns alle durchdringt und umgibt, können wir ein besseres Leben leben und nicht weniger als unsere Welt verändern.

Das ist verdammt schwer, ein harter, von Rückschlägen und Herausforderungen gesäumter Weg. Allerdings ließe sich mit Mahatma Gandhi sagen: Wer den Weg der Wahrheit geht, der stolpert nicht.

Brené Brown hat ein bewegendes Buch geschrieben. Es ist mein erstes, das ich von ihr gelesen habe. Inspiriert wurde ich durch ein Follower-Angebot auf Linkedin. Eigentlich ist „*Braving the Wilderness*" ein Buch einer Frau für Frauen, zumindest in der Sprache und Gefühlsintensität oder Art und Weise, Gefühle und persönliche Lebens- und Leidenswege einzubringen.

Allerdings ist Schubladendenken selten ein guter Ratgeber, wenn man das Wesen der Dinge betrachten möchte. „*Braving the Wilderness*" ist nach meinem Eindruck das Buch einer verwundeten, tapferen Frau, die durch ihre Forschung und Beschäftigung mit sich selbst, durch die Annahme von Herausforderungen zu einem beispielgebenden Menschen geworden ist. Als ein besonderer Mensch entzieht sie sich herkömmlichen Kategorien, und das Buch auch. Es ist eine Mischung aus persönlichen Schilderungen, sozialwissenschaftlichen Forschungen, die allerdings kaum je erläutert werden, Literaturstudien und Einsichten in das, was kluge Menschen zu sagen haben.

Mir bietet das Buch zahllose Querverbindungen zu Themen, die mich auf meinem Lebensweg interessiert haben, und mit denen ich mich in vermeintlich so unterschiedlichen Gebieten wie Freiheit und Führung, Persönlichkeitsbildung und Spiritualität beschäftigt habe.

Es geht um Aufrichtigkeit und Gemeinsamkeit, die auf Verwundbarkeit und den inneren Gang in die emotionale Wildnis beruhen. Zur Sprache kommt ein Sicheinlassen auf herausfordernde menschliche Emotionen, ohne sich von ihnen dauerhaft mitreißen zu lassen. Immer wieder geht es um Einsicht und darum, Informationen zu erlangen, aber auch Emotionen mit anderen Menschen zu teilen und in Gruppen zu erleben.

Letztlich geht es Brené Brown nach meinem Verständnis darum, das mutige Beherrschen der emotionalen Wildnis zur Grundlage einer wahren, der eigenen Persönlichkeit entsprechenden Lebensweise zu machen.

Als homo socialis leben wir ein wahrhaftiges Leben, wenn wir uns und andere in herausfordernden Situationen wirklich verstehen. Erst dann können wir angemessen handeln. So entsteht eine bessere Gemeinschaft und eine lebenswertere Gesellschaft.

Das Buch beginnt mit der Erkenntnis:

> *Wir gehören zu allererst uns. Wir selbst sind als Menschen unsere eigene Heimat. Anerkennung durch andere, Aufgehobensein durch Mitgliedschaft in anderen Gruppen, das sind zutiefst menschliche Triebe, aber kein Ersatz für unser authentisches, wahres Selbst, dafür Konfliktstoff – mit uns selbst und mit anderen.*

Das berührende Buch kann als Inspiration dienen für die persönliche Entwicklung, für Führung im Alltag und als Impuls für eine bessere, freiere Gesellschaft. Konflikte verschwinden nicht, können aber besser gelöst werden.

Der Gang in die Wildnis ist eine große Herausforderung, nicht nur für normale Bürger, sondern noch mehr für die sogenannten Eliten. Warum? Weil es bedeutet: an sich selbst glauben und nur sich selbst gehören, aber das so intensiv, dass man die authentischste Version von sich selbst mit der Welt teilt. Das Ziel ist, nicht weniger als der zu werden und zu sein, der man ist.

Ein unideologisches Freiheitsbuch. Großartig.

Literatur: Brené Brown: Braving the Wilderness. The Quest for True Belonging and the Courage to Stand Alone, Random House, New York 2017, 197 S., 11,99 Euro.

Nationalismus als Tugend

Globalisierung. Grenzenlosigkeit. Kosmopolitismus. Wir reisen durch die ganze Welt, die auch medial zusammenzurücken scheint. Wer die EU kritisch sieht, gilt als europafeindlich. Nationalstaaten sind out. Nationalismus ist gefährlich. Trump, Orban, Brexit – alles böse. Stopp! Nicht ganz so schnell. Vielleicht ist der Internationalismus, für den auf der Love Parade in Berlin Dr. Motte mit den Worten *„One World, One Future"* eine einprägsame Formel gefunden hat, nicht der Weisheit letzter Schluss.

Scheinbar völlig unzeitgemäß und definitiv politisch unkorrekt grätscht Yoram Hazony von der Seite in den Lauf, den weder Ochs noch Esel aufhält. Der israelische Bibelforscher und Philosoph hat ein Querdenkerbuch geschrieben: *„The Virtue of Nationalism"*. Die Tugend des Nationalismus finde sich bereits in der Präferenz der Bibel für den Nationalstaat. Warum das so ist und warum Nationalstaaten die einzige tragfähige Form staatlicher Ordnung sind, das begründet der Präsident des Herzl Instituts in Jerusalem in drei großen Teilen seines Buches.

Teil 1, Nationalismus und westliche Freiheit, setzt sich kritisch mit dem rein vernunftmäßig begründeten Freiheitsplädoyer des

Liberalismus auseinander. Teil 2, Das Eintreten für den Nationalstaat, begründet die Überlegenheit des Nationalstaats mit der gleichsam natürlichen Bindung der Menschen an die als optimal angesehene politische Ordnung eines Mittelwegs zwischen Stamm und Imperium. Teil 3, Anti-Nationalismus und Hass, setzt sich mit Kritik und Lehren aus Politik und Geschichte auseinander.

Was macht das leidenschaftliche, repetitive Plädoyer für den Nationalismus lesenswert?

1. Politisch die Kritik des Imperialismus, den Yoram Hazony vom Nationalismus abgrenzt. Das gilt umso mehr, als er sowohl den amerikanischen Imperialismus als auch den der EU auf's Korn nimmt. So wird geradezu entlarvend plausibel, warum nicht nur amerikanische, sondern längst auch deutsche und europäische Soldaten in Regionen der Welt eingesetzt sind, die nichts mit der Verteidigung der USA, geschweige denn Europas oder Deutschlands zu tun haben. Zugleich sollte sich jeder EU-Befürworter sorgfältig mit der Warnung auseinandersetzen, dass die EU absehbar despotisch werde. Die EU könne kein Freiheitsstaat sein.

2. Intellektuell ist die Kritik der Vernunft als dominierendes oder alleiniges Konstruktionselement staatlicher Ordnung anregend. Das gilt nicht nur für den Totalverriss von John Locke und kräftige Seitenhiebe auf Mises und Hayek, sondern auch für das, was Yoram Hazony als Essenz der Staatsbildung ausmacht. Die Rede ist von Kohäsion, die der liberalen Zustimmung noch dazu in Form eines vermeintlichen Gesellschaftsvertrags grundsätzlich und historisch weit überlegen sei. Nicht das Hirn, sondern die gelebte und tradierte Kultur, mit anderen Worten Emotionen und Konventionen, bilden für den Israeli die Basis eines Nationalstaates. Das Problem mit einem Empire wie der EU sei die Frage der Loyalität: Warum sollte jemand Loyalität gegenüber abstrakten, entfernten Institutionen und Personen ausüben?

Wesentliche Vorteile einer nationalstaatlichen Ordnung sind für den in Princeton promovierten politischen Philosophen: die Verlagerung der Gewalt weg aus der Mitte hin an die staatliche Peripherie, sprich an die Grenzen der Nation, ferner die Ablehnung von imperialen Eroberungsfeldzügen, außerdem die Gewährleistung kollektiver Freiheit und schließlich der Wettbewerb zwischen Nationalstaaten.

Es ist bemerkenswert, was man alles aus der Bibel herauslesen kann, denn den Gegensatz Nationalismus versus imperiale Ordnung hat der Bibelforscher aus dem Weltbestseller gewonnen. Obwohl seine Argumentation wiederholt historisch und sehr grundsätzlich ist, mangelt es vielfach an hinreichend überzeugenden qualitativen und quantitativen Belegen. Der umfangreiche Fußnotenapparat ist kein Ersatz.

Die zu Röpke und Rüstow passende Argumentation für mehr als nur Angebot und Nachfrage, gegen Konstruktivismus und verstiegene Vernunft ist dennoch ansprechend. Das nackte Gerüst der Argumentation ist hingegen ziemlich unsexy: anarchische und tribale Ebene bedeutet Krieg, Empire bedeutet Tyrannei, der Nationalstaat verkörpert Loyalität. Zugestanden, Yoram Hazony setzt den Nationalstaat nicht einfach mit dem absolut Guten gleich und sieht darin auch keine Garantie für Frieden und Freiheit. Gleichwohl idealisiert der Israeli in erheblichem Maße und findet keine klaren Abgrenzungen für eine Mindestgröße in seinem wohlfeilen Plädoyer für Minderheitenschutz bei gleichzeitiger Ablehnung von Sezession und Klein(st)staaten.

Zu guter Letzt: Zwar ist die Lobpreisung des Nationalismus nicht zuletzt eine Verteidigungsschrift des israelischen Nationalstaats. Gleichwohl entlarvt Yoram Hazony mehr als nur en passant, nämlich durch eine historische Tiefensicht, dass die Parole, am EU-Wesen soll Europa genesen, ein Problem und nicht die Lösung ist.

Literatur: Yoram Hazony: The Virtue of Nationalism, Basic Books, New York 2018, 285 Seiten, 27,42 Euro (Hardcover).

Politischer Wettbewerb stärkt Demokratie und Freiheit

„Politischer Wettbewerb ist das Erfolgsgeheimnis der Demokratie." So lautet der erste Satz in der tiefschürfenden Analyse der Demokratie-Krise in Europa und Deutschland mit dem Titel *„Zwischenstaatlicher politischer Wettbewerb"*. Das Buch stammt von Roland Vaubel und bietet in 17 Kapiteln die Erträge eines dreieinhalb Jahrzehnte währenden Forscherlebens zu staatlichem Wettbewerb. Enthalten ist zudem eine Strategie für ein prosperierendes, demokratisch-rechtsstaatliches Europa.

Zwischenstaatlicher politischer Wettbewerb hat herausragende Vorteile: Wettbewerb eröffnet den Bürgern Wahlmöglichkeiten. Wettbewerb setzt Anreize, sich an den Bürgerwünschen zu orientieren. Wettbewerb findet nicht nur inländisch, sondern auch zwischenstaatlich statt, politisch per Abstimmung mit den Füßen, ökonomisch durch Abstimmung mit dem Geldbeutel.

Das politische Kartell der EU ist davon allerdings weitgehend ausgenommen. Das ist schlecht. Freiheit und Demokratie leiden darunter.

Roland Vaubel bietet eine gleichermaßen präzise wie weitreichende Analyse der politischen Probleme Europas und eine klare Lösung. Die formelhafte Kurzfassung könnte lauten: Eine harmonisierende EU ist das Problem, zwischenstaatlicher Wettbewerb die Lösung – Institutionen machen den Unterschied.

Die 17 Kapitel des Bandes verleihen dieser Erkenntnis Breite und Tiefe. Sie sind binnen 37 Jahren entstanden, zwischen 1980 und 2016. Vielfach handelt es sich um wissenschaftliche Aufsätze, daneben auch um prägnante Artikel. Thematisch decken sie die politische Ökonomie, die Geldordnung, mehrfach Geschichte und sogar die Barockmusik ab. Für den Leser ist angenehm, dass veraltete Abschnitte und Dubletten sichtbar gestrichen wurden.

Der emeritierte Mannheimer Ökonom urteilt treffend: *„Wenig davon ist bekannt, vieles ist höchst relevant."* Genau so ist es! Für die Debatte über die Krise der Demokratie in Europa und Auswege liefert das Buch von Roland Vaubel *„Zwischenstaatlicher politischer Wettbewerb"* wertvolle Blicke hinter die Kulissen. Es lohnt sich, es zu lesen und darüber zu sprechen und zu schreiben.

Literatur: Roland Vaubel: Zwischenstaatlicher politischer Wettbewerb, LIT Verlag, Münster 2018, 264 Seiten, 29,90 Euro.

Populismus überall, Demokratie nicht mehr für alle?

Wer Populismus sucht, findet ein Verhalten von Menschen, das er ablehnt. Selten bleibt es bei einer neutralen Feststellung, etwa Teile der Bevölkerung würden für ihre vernachlässigten Interessen eintreten oder sich gegen eine falsche Politik wenden. In einem weiteren Schritt werden Führer populistischer Strömungen, seien es Einzelpersonen oder Parteien, rasch abwertend als Rechtspopulisten bezeichnet. Stets geht es um Stimmungsmache, kaum um sachbezogene Politik.

So titelte der Spiegel etwa: „Bündnis der Rechtspopulisten Matteo, Marine und Viktor für Europa. Italiens Vizepremier Matteo Salvini wird zum neuen Stern der europäischen Nationalisten, gefeiert von Marine Le Pen und Viktor Orbán. Sie wollen nicht mehr ‚raus aus Europa', sie wollen es übernehmen."

Das ist seltsam. Denn die herkömmliche Politik basiert auf Emotionen. Schon die Sonntagsfrage nach dem Kanzler, der nie direkt gewählt werden kann, ist eine weit überwiegend auf Sympathie bezogene Frage. Parteien werden zu einem erheblichen Anteil aufgrund der Sympathie ihrer Führer gewählt. Der Wähler ist wie der Mensch überhaupt zu einem erheblichen Anteil ein soziales, emotionales Wesen. Wen wundert das, sind doch die Parteien in der Regel viel zu heterogen in ihren Positionen, um inhaltlich komplett deckungsgleich mit ihren Wählern zu sein.

Ein Mangel unserer Zeit scheint mir der folgende zu sein: Die politische Arena der Demokratie ist oder erscheint nicht hinreichend offen. Zumindest dürfte es unwahrscheinlich sein, dass alle Gruppen mit ihren Repräsentanten den gleichen Anspruch erheben können, Einfluss nehmen zu dürfen.

Geradezu verfemt oder geächtet werden nationale und nicht dezidiert linke Positionen. Unterstellt werden Nonkonformisten rasch Positionen einer kleinen neurechten Minderheit, darunter Ethnopluralismus und identitäre Politik.

Einige Gründe dafür liegen auf der Hand, darunter die links von der Mitte positionierte Medienmehrheit und eine stark nach links verschobene Parteienlandschaft, die über die Gründung der AfD hinaus anhält, aber auch eine zumindest unterschwellige Ablehnung konservativer Haltungen, nämlich Haltungen mit Stil. Konservativ gilt als angestaubt, nur die Vintage-Karikatur soll hipp sein.

Die Tatsache, sowohl konstruktivistisch in der Wahrnehmung als auch realpolitisch im sich erst allmählich wieder ausdifferenzierenden Parteienangebot, einer mangelnden Repräsentation politischer Ansichten, gibt zu denken. Wie ist es um eine Demokratie bestellt, deren wahrgenommener Mangel bislang als politisches Merkmal semi-autoritärer Regime galt?

Quergedacht: Nur für mündige Menschen

Stefan Blankertz ist Wortmetz. Er gibt Wörtern in Sätze gemeißelt eine Gestalt – und viel Gehalt. Die Perspektive des politischen Lyrikers und lyrischen Privatpolitikers ist konsequent gegen Staat und Gewalt gerichtet; unermüdlich und mitunter kontrafaktisch setzt er sich für den „Wert der besseren Ideen" ein, vor allem für Toleranz und Freiheit.

Das neueste Buch von Stefan Blankertz trägt den Titel: *„Migration, Integration und Wohlfahrtsstaat: Freiheit ist die Lösung, und kein „Problem"".* Als vielschichtiger Debattenbeitrag entzieht es sich den herkömmlichen Deutungsmustern mit konsequent anarchokapitalistischem Denken. Ins Zentrum ließe sich Milton Friedmans Diktum stellen: Entweder freie Migration oder Wohlfahrtsstaat- und das bedeutet, den Wohlfahrtsstaat abschaffen.

Der erneut feinsinnig und liebevoll gestaltete Band ist nur für mündige Menschen und Selbstdenker geeignet. Die Lektüre gelingt bei einem guten Tee genauso wie in Begleitung eines Whiskeys. Erhellend ist die Geschichte des Intelligenztests, der an der Intelligenz seines Erfinders und seiner Befürworter zweifeln lässt. In der nordsyrischen Region Rojava, weiß Stefan Blankertz zu berichten, ist eine private Vertragsgesellschaft entstanden. Urheber: ausgerechnet der vom Marxismus-Leninismus zum Rothbardianer geradezu konvertierte PKK-Chef Abdullah Öcalan! Das wäre eine bemerkenswerte Sezession und Selbstbestimmung.

Breitenwirkung sollten die vier Vorbehalte gegen das vermeintlich bedingungslose Grundeinkommen entfalten. Dazu gehört die Frage, was mit dem uferlosen Verwaltungsapparat des Wohlfahrtsstaates geschehen soll, dessen zumindest partiell wahrscheinliche Aufrechterhaltung das Ausmaß der Transfers mindert. Zugleich könnten die Staatsdiener nur dann einer wertschöpfenden Tätigkeit nachgehen, wenn die Arbeitsmärkte dereguliert werden würden. Die Transformation des Systems der „Verhausschweinung" erscheint unrealistisch.

Bereits in der Vorbemerkung macht der Berliner Freiheitsfreund deutlich, dass er den Kategorien „links" und „rechts" allenfalls satirische Bedeutung zumisst. Im letzten Drittel des Taschenbuchs findet sich eine Erklärung für die ungebrochene Attraktivität der „Links-Rechts-Topographie": beliebig füllbare Inhaltsleere.

Vielleicht gehören Sie, verehrter Leser, auch zu den unabhängigen Menschen. Stefan Blankertz hat Murray N. Rothbard in Deutschland bekannt gemacht. Sein Institut gegen Ideologiekritik trägt den Namen des führenden Anarchokapitalisten. Wegweisend ist über den Links-Rechts-Wirrwarr hinaus dessen Feststellung:

> *„If you've been called an anarchist, a racist,*
> *a hippy, a fascist, a liberal, and a neocon all in*
> *the same day ... you're probably a libertarian".*

Literatur: Stefan Blankertz: Migration, Integration und Wohlfahrtsstaat: Freiheit ist die Lösung, und kein „Problem", Books on Demand, Norderstedt 2019, 180 Seiten, 14,80 Euro, (Taschenbuch)

Rock: das Mega-Konzert des Westens

Heute vor 33 Jahren, am 13. Juli 1985, rockte die Welt, die westliche Welt. Die Rock- und Pop-Elite spielte 16 Stunden lang in zwei Stadien: im Wembley Stadion in London und im John F. Kennedy Stadion in Philadelphia.

Die Liste der Künstler reichte von Bowie und Dylan bis The Who und U2. Phil Collins trat sogar in beiden Stadien auf. Die Concorde machte es möglich.

Queen gaben einen der vielleicht besten Live Auftritte aller Zeiten. Sie spielten gut 20 Minuten und rockten das ganze Wembley Stadion zur besten Sendezeit: *„The definition of having the audience, in the palm of your hand.' Nobody did it better."* Der Mitschnitt auf YouTube ist immer wieder sehenswert, besonders die Sequenzen ab 7:00 und 16:30.

Der irische Musiker Bob Geldorf hatte spontan das größte Konzert der Geschichte organisiert. Die Benefizveranstaltung „Feed the World" galt den hungernden Menschen in Afrika, insbesondere den von der Hungersnot in Äthiopien Betroffenen. Über 100 Millionen Euro kamen zusammen.

Warum lohnt es sich, nach 33 Jahren auf das Konzert zurückzublicken?

1. Der Westen stellte in einer privaten Initiative ein Glanzlicht moderner, populärer Kultur weltweit zur Schau. Hinter dem sozialistischen Vorhang gab es nichts annähernd Vergleichbares.

2. Private Hilfe ist in großem Umfang möglich, sogar global und das in Form glänzender Unterhaltung.

3. Nothilfe ist das Eine, die Änderung der Missstände erfordert indes ihre Beseitigung. Der bürokratisch-diktatorische Sozialismus ist und bleibt eine Geißel der Menschheit. Musik und Spenden ändern daran nichts.

Für jedes System gilt: Freiheit ist und bleibt die erste Bedingung für die proportionierlichste Bildung der Kräfte.

Sieben gängige Klima-Irrtümer widerlegt

Das Europäische Institut für Klima und Energie hat in Düsseldorf im November 2018 seine 11. Internationale Konferenz veranstaltet.

Der informative Konferenzbericht lässt sich auf folgende einfache sieben Kernaussagen komprimieren:

1. Meeresspiegel völlig normal: Der Meeresspiegel schwankt im Laufe der Jahrhunderte. Im 16. und 17. Jahrhundert lag er etwa 70 cm höher als heute, im 18. Jahrhundert etwa 50 cm niedriger. Auf den Fidschiinseln findet heute – entgegen Schauermärchen – kein Anstieg statt.

2. Klimamodelle falsifiziert: Die herrschenden alarmistischen Klimamodelle weisen einen gravierenden theoretischen Fehler bei der Berechnung von Rückkopplungen auf. Eine Korrektur des Fehlers sorgt dafür, dass die beobachtbare normale

Entwicklung des Klimas abgebildet wird, dramatische Temperaturanstiege sich indes als Fiktion herausstellen.

3. Kosmische bzw. solare Strahlung erklärt Klima: Die Belege für den Zusammenhang zwischen Sonnenaktivität und Erdklima sind inzwischen erdrückend. Die vermeintliche Ursache, das anthropogene Kohlendioxid, ist hingegen irrelevant, um das Klima zu erklären.

4. Korrelation zwischen hohen Energiepreisen und nachfolgenden Wirtschaftskrisen: Statistisch besteht eine Korrelation zwischen niedrigen Energiepreisen und Wohlstand sowie Wirtschaftskrisen, die hohen Energiepreisen folgen (seit 1974).

5. Klimaschaukel widerspricht Klima-Alarmismus: Die sogenannte Klimaschaukel steht für den Zusammenhang zwischen einer Erwärmung der Arktis und der spiegelbildlichen Abkühlung der Antarktis (und umgekehrt). Diese wohl dokumentierte Entwicklung widerspricht der Treibhaushypothese.

6. Umbau der Gesellschaft durch Klima-Alarmismus verschleiert: Die Klima-Alarmisten geben selbst zu, dass sie das Weltvermögen umverteilen wollen. Umweltpolitik werde lediglich vorgeschoben. Es geht um den Zugang zu den Fleischtöpfen, daneben um die Verwirklichung ideologischer Ziele.

7. Klimakonferenzen sind schädlich für die Umwelt und hilfreich für die Lobbyisten: Die Klimakonferenz von Paris wird keine Auswirkung auf Kohlendioxid-Emissionen haben und die Temperatur bleibt unbeeinflusst, aber die Umverteilung begünstigt korrupte Staatsführungen mit dem Geld der Steuerzahler in entwickelten Ländern und natürlich die politischen Klimatouristen sowie die Subventionsempfänger.

P.S. Für die staatliche Klimakonferenz COP 23 in Bonn hat der Steuerzahler sage und schreibe 123 Millionen Euro hinblättern müssen.

Solo um die Welt: Selbstverwirklichung und behördliche Drangsalierung

Laura Dekker hatte einen Traum. Mit ihrer Weltumseglung „Solo um die Welt" hat das sechszehnjährige Mädchen ihn verwirklicht. Ihr Alptraum waren die niederländischen Behörden, deren Bürokraten unaufhörlich daran arbeiteten, diesen Traum zu zerstören. Lauras größte Unterstützung war ihr Vater, darüber hinaus halfen ihr die Familie und viele Bekannte und Freunde, die sie auf ihrer einjährigen Weltreise kennenlernte.

„Ein Mädchen, ein Traum" ist ein erweitertes Reisetagebuch, dass ähnlich wie das australische Pendant *„Lionheart"* des jugendlichen Seglers Jesse Martin von Selbsterfahrung, Selbstbehauptung und persönlicher Verantwortung zeugt. Laura Dekker war indes noch jünger. Die erst 14jährige neuseeländisch-niederländische Seglerin besaß dennoch die Voraussetzungen, um allein die Welt zu umsegeln: den unbedingten Willen, das seglerische Können und nicht zuletzt die Hilfe des Vaters, der bei technischen Schwierigkeiten schon einmal um die halbe Welt flog.

Nach 27.000 Seemeilen innerhalb eines Jahres hatte Laura Dekker als jüngster Mensch mit nur 16 Jahren die Welt umsegelt, dabei den Pazifik von Panama über Bora Bora bis zur Torres-Straße durchquert und binnen 47 Tagen am Stück die unendlichen Weiten des Stillen Ozeans zwischen Darwin und Durban genossen. Sie schaffte es, das sturmumtoste Kap der Guten Hoffnung zu umsegeln und erreichte 41 Tage, nachdem sie Kapstadt verlassen hatte, ihren Start- und Zielhafen Sint Maarten in der Karibik am 21. Januar 2012.

Anders als Jesse Martin legte sie vielfach an, reparierte und überholte ihr Boot, lernte Land und Leute kennen und zumindest während der ersten Reisehälfte an Bord auch für die Schule. Zudem schrieb sie eine wöchentliche Kolumne für das Rotterdamer Algemeen Dagblad.

Die niederländischen Bürokraten hatten während der Reise-
vorbereitungen ihr Telefon abgehört und ihren Computer
gehackt, sie sechsmal vor Gericht gezerrt, von ihrem Vater
getrennt; sie gaben ihr einen (segel)unfähigen männlichen
Aufpasser, scheuten keine Kosten und Mühen, um sie nach dem
Auslaufen noch in Portugal an ihrer Weiterreise zu hindern,
streuten gezielt Falschinformationen und machten nieder-
ländische Medien zu ihren Komplizen bei der Verleumdung des
Mädchens und ihrer Familie. Unfähig zur Differenzierung,
getrieben von Macht – Staatsvertreter meinen, nur als Sieger vom
Platz gehen zu können – versuchten sie gar, die Jugendliche in
eine geschlossene Anstalt zu sperren:

> *„Die Behörden misshandelten mich sowohl
> geistig wie körperlich und haben in der
> Öffentlichkeit deutlich gemacht, dass sie mich in
> eine Einrichtung sperren wollten!"*

schrieb Laura Dekker. All das geschah, als sie 13 und 14 Jahre
jung war. Eine öffentliche Diskussion in den Niederlanden rankte
sich um die Frage, inwieweit Bürokraten riskantes Verhalten von
Jugendlichen, das von ihren Eltern unterstützt wird, verhindern
müssen oder dürfen.

Auf See kam sie zur Ruhe, fühlt sie sich frei und gut. Laura
Dekker charakterisiert die Niederlande wiederholt als korrupt
und lehnte eine Rückkehr ab. Ihre Wahlheimat ist ihr Geburts-
land: Neuseeland. Von dort aus engagiert sie sich für
Jugendliche, die auf Segelreisen das Beste aus sich selbst machen
möchten. Auf die Frage, ob sie ihrem eigenen Kind eine
Weltumsegelung erlauben würde antwortete sie:

> *„Wenn ich glaube, dass es gut genug auf das
> Leben vorbereitet ist, werde ich nicht im Weg
> stehen."*

Unverändert gültig: die Eurokritiker von 1991/92 haben Recht behalten

Roland Baader hat 1993 ein gerade heute sehr lesenswertes Buch veröffentlicht: *„Die Euro-Katastrophe. Für Europas Vielfalt – gegen Brüssels Einfalt"*. Mit einem aktuellen Geleitwort von Carlos A. Gebauer ist es im Internet frei lesbar und auch downloadbar.

Im Anhang des Buches findet sich eine „Kleine Blütenlese" aus Anti-Maastricht-Zitaten.

Ich habe daraus wiederum eine Auslese getroffen, die dokumentiert, wie kluge Menschen mit klaren Worten spätestens 1992 vor den heutigen Missständen warnten:

Bruno Bandulet: *„Die Idee der europäischen Gemeinschaft ist nicht identisch mit ihrer bürokratischen Realisierung, beziehungsweise Pervertierung durch die EG-Kommission. Nicht das europäische Ziel kann strittig sein, sondern die bisher nicht diskutierte Frage, wie viele Freiheitsrechte, wieviel nationale Vielfalt und wieviel Souveränität auf dem Altar der Kommission in Brüssel geopfert werden sollen." ... „Wer sich der schleichenden Sozialisierung widersetzt, setzt sich dem Odium aus, kein guter Europäer zu sein"* (1990).

Hans D. Barbier: *„Die Chiffre ‚Maastricht' steht eher für das Ende der Wirtschaftspolitik von Ludwig Erhard und Karl Schiller."* (1991)

Manfred Brunner: *„Der frühere EG-Kommissar Ralf Dahrendorf hat Recht, wenn er Maastricht einen Spaltungsvertrag nennt." ... „Die geplante einheitliche europäische Währung zielt ... auf ein deutsches Sonderopfer, die Vergemeinschaftung der Deutschen Mark. Ein unsinniges Opfer, das mit dem Verlust der europäischen Ankerwährung dem gesamten Kontinent schaden wird."* (1992).

Nicholas Colchester (stellv. Chefredakteur des Economist): *„Ein Europa, das auf vielen Säulen ruht, ist der richtige Weg für die 750 Millionen Menschen zwischen dem Ural und dem Atlantik. Also ist es auch richtig, daß die monolithische Vision zusammenbricht, wonach alles, was mit europäischer Zusammenarbeit zu tun hat, in einer einheitlichen EG untergebracht werden soll"* (1992).

Herbert Giersch: *„Europas politische Idee kann nicht die organisatorische Einheit sein, nicht ein Gebilde, das zentralistisch von oben gesteuert wird ... Auf eine Gesellschaft übertragen, weist das Einheits- und Gleichheitspostulat den Weg zu einem zentralistischen Umverteilungsstaat."* (1992)

Gerd Habermann: *„Man weist auf die ökonomischen Vorteile dieser Währungsunion hin: eine Senkung der ‚Transaktionskosten' um angeblich 26–38 Milliarden DM: Welch politikferner und zudem ökonomisch schlecht bedachter Ökonomismus, der übersieht, daß ein Machtmißbrauch dieses Monopols nicht nur wahrscheinlich, sondern sicher ist!"* (1991)

Wilhelm Hankel: *„Monetäre Konflikte setzen sich schnell in reale und soziale um. Die EG würde mit der Währungsunion ihren inneren Frieden gefährden, ihre bislang so beispielhafte ‚Kohäsion'"* (1991b).

Rolf-Dieter Krause: *„Der [Maastricht-] Vertrag ist nicht ausgewogen, in sich widersprüchlich, lückenhaft unsolidarisch, riskant, teuer, vollmundig, verfrüht, inkonsequent, zentralistisch, undemokratisch, unfair, unnötig und gefährlich".* (1992).

Friedrich-Naumann-Stiftung: *„Nur in einem Europa des Wettbewerbs zwischen den verschiedenen Bürgergesellschaften können die Bürger frei sein. Deshalb lehnen wir das Europa der Harmonisierung ab. Deshalb gibt es in unserem Europa keine europäische Regierung, keine europäische Bürokratie und kein europäisches Parlament."* (Aus dem Manifest „Bürger zur Freiheit" der Friedrich-Naumann-Stiftung vom November 1992)

Gerard Radnitzky: *„Der Wettbewerb zwischen den Staaten wäre ein viel wirksameres Mittel gegen die Einschränkung von Freiheits- und Bürgerrechten als sämtliche verfassungsmäßigen Vorkehrungen. Vermutlich das einzige effektive Mittel"* (1991)

Wolf Schäfer: *„Maastricht ist ein Vertrag, der den innereuropäischen Wettbewerb auf den Märkten für politische und bürokratische Dienstleistungen durch Kartellabsprachen und Monopolbildung einschränkt beziehungsweise beseitigt: Nicht Wettbewerb der nationalen Währungen, sondern Einheitswährung in Europa; nicht Wettbewerb der Zentralbanken um die niedrigste Inflationsrate, sondern Absprache und politisches Aushandeln der europäischen Inflationsrate in einer Monopolzentralbank; nicht Wettbewerb der Regionen, der Steuer- und Sozialsysteme, sondern eurozentral verabredeter Niveauausgleich durch Transferzahlungen (Sozial-, Struktur-, Kohäsionsfonds); nicht Wettbewerb mit den Märkten und Standorten außerhalb der EG, sondern Abschottung und Industriepolitik gegenüber Drittländern. Die Philosophie von Maastricht ist ein konstruktivistischer Rationalismus, der Wettbewerb und Vielfalt weitgehend durch Absprache und Einheitlichkeit ersetzen will. Der zentrale Defekt von Maastricht besteht deshalb in der fehlenden Bereitschaft der Politiker und Regierungen, sich selbst gleichermaßen einem verschärften internationalen Wettbewerb auszusetzen, wie dies für die Unternehmen im Binnenmarkt Europa der Fall ist".* (1992).

Joachim Starbatty: *„Die Europäische Integration darf man ... nicht mit einem Fahrrad vergleichen, das stürzt, wenn es sich nicht mehr vorwärts bewegt. Ein Fahrrad, das man nicht abstellen kann, taugt nicht".* (1992).

Vergessene Gesten wiederbeleben

In Zeiten, in denen alles geht und alles erlaubt ist, jedes Geschlecht wählbar sein soll, jeder und alles geheiratet werden kann, Menschen sich auf der Suche nach Glück ins Elend von Patchworkfamilien stürzen, scheint aus Haltung eine Position beim Yoga geworden zu sein.

Doch weit gefehlt. Menschen beginnen, sich nach Konventionen und innerer Haltung, die auch in äußeren Gesten zum Ausdruck kommt, zu sehnen. Das gilt als konservativ. Nun, konservativ ist mehr als nur retro, vielleicht sogar das neue Cool sein, nämlich mit Stil.

Ein Beispiel: In der Bibliothek des Konservatismus gibt es Menschen, die tatsächlich noch etwas zu sagen haben und auch noch Manieren haben.

Ein weiteres Beispiel: Der hochrangige FDP-Politiker Rainer Brüderle war in einen vermeintlichen Skandal verwickelt. Eine Reporterin des Magazins Stern warf ihm Aufdringlichkeit vor. Sie hatte ihn in der Bar des Hotels Maritim gesprochen, er ihr einen Handkuss gegeben und den Hof gemacht. Als Männer und Frauen beide noch ihre Rollen kannten, hätte sich die Reporterin entweder über die Geste gefreut oder die Zudringlichkeit mit einer Ohrfeige abgetan.

Der Publizist und Übersetzer Alexander Pschera bietet mit seinem kurzweiligen Buch *„Vergessene Gesten“* nicht nur Unterhaltung, sondern auch Orientierung. Das gilt für den Handkuss, den Spazierstock schwingen, den Hut lupfen und für jemanden die Tür aufhalten sowie einer Dame den Hof machen, was viel eleganter als Flirten ist oder war. Nicht jede nostalgische Beschreibung ist ernst, obwohl Ernst doch oft so lächerlich ist. Dennoch lohnt es sich zu erkennen, warum man besser eine gute Partie macht, und zu beherzigen, dass man seinen Gästen entgegen geht, aber auch, wie man jemanden hinauskomplementiert oder sich empfiehlt. Besonders gut gefallen hat mir die Volte

„Dilettant sein". Ich werde mich bemühen, dem gerecht zu werden.

Alexander Pschera: Vergessene Gesten. 125 Volten gegen den Zeitgeist, Das vergessene Buch Verlag, Wien 2019, 188 Seiten, 18,00 Euro (Taschenbuch).

Vor 50 Jahren: Invasion in die Tschechoslowakei

Der Sozialismus ohne menschliches Antlitz: Unter Führung der sowjetischen Armee fielen vor 50 Jahren, am 20. August 1968 um 22.00 Uhr, 200.000 Soldaten des Warschauer Pakts mit Panzern und Flugzeugen in die Tschechoslowakei ein. Die letzten Truppen zogen erst 1991 wieder ab.

Die Sowjetunion erstickte die Reformbemühungen von Politik und Wirtschaft, die von Alexander Dubcek, dem Generalsekretär der tschechoslowakischen Kommunisten, eingeleitet worden waren. Der Schöpfer der marktwirtschaftlichen Reformen war Ota Sik. Er strebte einen marktwirtschaftlichen Sozialismus als Dritten Weg an. In den 90er Jahren erklärte er, dass er Anhänger einer freien Marktwirtschaft sei und der Dritte Weg nur der Verschleierung gedient habe.

Die freiheitsliebenden Bürger der Tschechoslowakei wehrten sich mit Herz und Hirn. Ein reformorientierter Radiosender konnte tagelang unentdeckt weitersenden. Ein Schlager-Slogan war: *„Geh nach Haus Iwan, die Natascha hat einen anderen."*

Die gewaltsame Niederschlagung des Prager Frühlings mit rund 150 Toten im Sommer 1968 hatte langfristige Folgen. 150.000 Facharbeiter und Intellektuelle kehrten dem Land den Rücken. Das Aufbegehren gegen den inhumanen Sozialismus und für die Freiheit währte letztlich bis 1989. Die Verhärtung der Sozialismus hinter dem Eisernen Vorhang trug zu dessen Implosion bei und stärkte möglicherweise ein Unabhängigkeitsstreben, das bis zur heutigen Skepsis gegenüber der EU reicht.

Ein hörenswerter Beitrag mit vielen zu Wort kommenden Zeitzeugen hat Peter Lange, Prager Korrespondent von InfoRadio, verfasst. Hören Sie rein.

Weimar featuring Florenz

Wanderer, kommst Du nach Weimar und Florenz, dann lass Dich von der Kultur in den Bann ziehen! Die Tiefe und die Zeitlosigkeit der Einblicke in die Prinzipien des ewigen menschlichen Daseins beeindrucken hier und dort. Weimar ist die Stadt der deutschen Klassik, Florenz die Stadt der italienischen Renaissance. Beide sind durch die Antike verbunden – im Geist, in der Architektur, in Literatur und Theater, in Skulpturen und Gemälden, in Geschichte und Gedichten, in Städtebau und im Streben genialer Menschen nach Höherem. In Weimar ragen Goethe und Schiller heraus, die Wilhelm von Humboldt mit einander bekannt machte und für die der Bildungsliberale mehr als nur ein konstruktiver Sparringspartner war.

In Florenz sind Michelangelo, Leonardo da Vinci und Botticelli sicht- und greifbar, letzteres ist natürlich nicht erlaubt. Dennoch, wer die Renaissance als Wiederauferstehung antiker Erkenntnis begreifen möchte, der erlebt hier einsichtsreiche Tage. In den Uffizien als zentralem frühneuzeitlichem Verwaltungskomplex. In der Galleria dell'Accademia rund um die 5 Tonnen schwere und doch so lebendig-leichte Monumentalstatue von David. Erhaben auch in Bronze auf dem Piazzale Michelangelo hoch über der Stadt. Dort ist Kultur zeitlos begreifbar. Kultur heißt für mich das, was der Mensch formgebend gestaltet hat.

In beiden Städten ist der Bezug zur Antike omnipräsent und auch darüber hinaus zum elementaren Bestandteil klassischer Kultur geworden. Wer sich aus dem Strom der täglichen Nicht-Nachrichten und Fake News öffentlicher und privater Nachrichtenverbreiter herauszuziehen vermag, gewinnt deutlich an Lebensqualität. Die Ablenkung schwindet, die Einsicht in den Menschen als Kultur schaffendes Wesen wächst.

Nachfolgend ein paar knappe persönliche Reisethesen:

1. Spengler war an etwas dran, wie heißt es im Englischen: He was on to something. Der Untergang des Abendlandes als Verlust von Kultur, die der Zivilisation mit „nur" verbesserten sozialen und materiellen Lebensbedingungen weicht.

Spenglers Geschichtsphilosophie ist Unsinn, es gibt keine historischen Gesetzmäßigkeiten. Seine Empfehlung den *„Blick auf die historische Formenwelt von Jahrtausenden"* zu werfen *„wenn man wirklich die große Krisis der Gegenwart begreifen will"* hat indes etwas. Das gilt insbesondere dann, wenn Untergang zum Wandel wird, der mit Verlust einhergeht. Einer Blütezeit und Hochkultur weichen Massenunterhaltung und Populärzivilisation. Mit Sorge lässt sich außerdem Spenglers Diktum vom Verfall der Demokratie und der anbrechenden Herrschaft der Populisten und Demagogen in allen Parteien betrachten. Dazu gehört auch die prognostizierte Herrschaft von Diktatoren.

2. Die EU strebt nach Herrschaft – das Ziel ist ein zentralistisch, bürokratisch geführtes Europa einheitlich formierter und verwalteter, letztlich unselbständiger Regionen.

Manchmal sagt ein Blick mehr als viele tausend analysierende Worte. Für mich war das der Blick auf das Dach des Palazzo Pitti, der vor über 500 Jahren für den Kaufmann Luca Pitti erbaut wurde. Neben der italienischen Flagge in der Mitte weht die der EU rechts daneben. Es ist vollkommen klar, dass sich das ändern soll: Die EU-Flagge soll in die Mitte rücken, die italienische ist dann nur noch nationale Folklore im Einheitsstaat am Rand.

Schluss mit dem durchsichtigen „Harmonisieren" von Lebensbedingungen! Das ist ein verführerisches Versprechen, Gutes zu tun, und bewirkt doch nur das Schlechte. Tatsächlich geht es gar nicht um die Lebensbedingungen, sondern um Gestaltungsmacht. Die Vielfalt der europäischen Kulturen findet ihren

Ausdruck in Wirtschaft, Politik und Gesellschaft. Einheitlichkeit zielt auf einfache Kontrolle. Die zentral gesetzten Standards dienen dem Tanzen nach der Pfeife der „EUrokraten". Nie war Gleichheit besser als Vielfalt. Italiener kennen kein Bio; sie kaufen seit je her ihre Bio-Produkte auf dem Markt oder im Supermercati. Die italienische Kultur ist anders als das Gehabe des sanften Monsters Brüssel, vom Essen über die Kleidung bis zum Schuldenmachen. Und das ist gut so.

3. Die katholische Kirche pervertierte die strikte Trennung zwischen Öffentlichkeit und staatlicher Herrschaft einerseits sowie Privatheit und persönlichem Glauben andererseits.

Beide Sphären waren im Römischen Reich getrennt. Der Kaiserkult diente der Herrschaft, die „Vergottung" der überirdischen Legitimation weltlicher Herrschaft. Religiöse Inbrunst war nicht gefordert. Die Christen sollten sich, wie schon Jesus auf die Frage: „Bist Du der König der Juden?", der Weltmacht unterordnen und konnten privat glauben, was sie wollten.

Die katholische Kirche stieß in eine Lücke und bot Spiritualität und Religiosität für jedermann an, die persönlich erbaulich und erlösend wirken kann, aber für kirchliche Herrschaftszwecke von Beginn an missbraucht wurde. Die katholische Kirche beseitigte nicht nur die antike Konkurrenz als sie am Ende des 4. Jahrhunderts Staatsreligion geworden war durch Verfolgung und Verbote antiker Riten, Olympische Spiele inklusive, sondern suchte und sucht die Menschen in ihrer alltäglichen Lebensweise zu beherrschen, bis in die Sexualität hinein.

Mehr als ein Ergebnis am Rande sind die furchtbaren Verbrechen, die Männer der Kirche durch systematischen Missbrauch von abertausenden, vielleicht Millionen Kindern seit Jahrzehnten, wenn nicht Jahrhunderten begangen haben.

4. Freie Bürger leisten mehr. Politische Führung ist wertvoll, solange sie sich auf das sachlich Notwendige beschränkt und unternehmerisches Handeln in sich trägt. Die überschaubare Stadt ist das Zentrum menschlicher Kultur.

Die David-Statue verkörperte die freien Bürger der Stadt Florenz. Deshalb war sie als Wahrzeichen an zentraler Stelle vor dem Rathaus vorgesehen, wo sie heute auch steht. Es ist ein schönes (Sinn)Bild, dass der kleine David, hier über 5 Meter groß, abgibt. Bloß mit einer Schleuder und viel Geschick besiegte er den Riesen Goliath. In Brüssel gibt es passenderweise das Manneken Pis. In Berlin bekommen wir die bizarre Einheitswippe.

Die Medici wirkten stilbildend. Oberbürgermeister Müller und sein Vorgänger in Berlin taugen allenfalls als Stilblüte.

Kultur und Anmaßung

Hinter dem Palazzo Piti wurde ein herrlicher Garten angelegt. Der Gardino di Boboli erstreckt sich weit entlang am Hang und trägt barocke Züge. Marmorstatuen inmitten von Springbrunnen und an Alleen entlang fügen sich zu einem ästhetischen Ensemble. Man muss sich keine musealen Städte wünschen, um Schönheit und Stimmigkeit von Architektur, Städte- und Gartenbau in Florenz wertschätzen zu können.

Die Moderne hat durchaus markante Architektur hervorgebracht. In London mischen sich beispielsweise Alt und Modern auf anregende Weise. Indes scheint der verbreitete funktionale Standard aus Glas und Beton sinnbildlich für die durchsichtige Leere der Moderne zu stehen. Auf den glatten Oberflächen findet das Auge keinen Halt.

Geradezu absurd mutet moderne Kunst an, wenn sie auf alte trifft, so im Gardino die Boboli mit ausgemacht hässlichen Metallkonstruktionen des als bedeutend geltenden deutschen Bildhauers Fritz Koenig. Im Vergleich mit den vorhandenen Statuen wirken sie unterentwickelt, seelenlos und bizarr.

Es verwundert nicht, dass sich die Massen nicht für moderne Kunst interessieren, sondern millionenfach den Wert der guten alten Dinge schätzen. Die Dokumenta in Kassel mag als Ausnahme von der Regel dienen. Zugleich scheint es schwer zu sein, Mäzene für moderne Kunst zu gewinnen. Das war in der frühen Neuzeit noch ganz anders.

Die Antike ist ein Maßstab für Kultur, an der wir uns messen dürfen, können und sollten. Das bedeutet nicht, einen Kult zu betreiben, sondern sich an Idealen zu bilden.

Abschließend möchte ich noch eine Lanze für die Elite brechen, für eine wahrhafte Elite. Früher gab es eine Eliten-Kultur, die für die Bevölkerung greif- und sichtbar war. Heute fehlt diese. Stattdessen gibt es populäre Kultur für die Massen. Das ist schön, und ich erfreue mich sehr an manchem Populären. Aber Masse ist kein Ersatz für Klasse.

Zeitlos: Kleinheit als Zukunft der Demokratie

Die Demokratie-Krise in Europa erschöpft sich nicht in langweiligen Populismus-Vorwürfen. Zum Glück. Es gibt auch Menschen, die etwas Substanzielles dazu sagen können.

Roland Vaubel gehört dazu. Der politische Ökonom aus Mannheim hat eine substanzielle Analyse der Demokratie-Krise vorgelegt. Sein Buch „*Zwischenstaatlicher politischer Wettbewerb*" bietet zugleich eine Lösung:

> *"Politischer Wettbewerb ist das Erfolgsgeheimnis der Demokratie. "*

Der Band steht glücklicherweise nicht allein da, sondern bereichert, fundiert und flankiert andere Publikationen.

Eine ideale Ergänzung ist der von Pierre Bessard herausgegebene Band „*Europa – die Wiederentdeckung eines großen Erbes*" in der Edition Liberales Institut.

Wer es modern und geradlinig mag, der greife für ein Lob von Klein- und Kleinststaaten zu Andreas Marquart und Philipp Bagus:

> *„Wir schaffen das – alleine!"*

Ein Klassiker ist das Opus Magnum von Leopold Kohr „*Das Ende der Großen – zurück zum menschlichen Maß*" aus den fünfziger Jahren. Hier ist die Devise *„Small is beautiful"* zuhause.

Erwähnt sei die konsequente Fortentwicklung von politischem Wettbewerb und politischer Selbstbestimmung, nämlich das Prinzip *„Non-Zentralismus"* von Robert Nef.

Ich selbst hatte in lediglich einem Artikel, aber immerhin auf einer ganzen Zeitungsseite die Forderung erheben können:

> *„Stutzt den Riesen. Europäische Kleinheit schafft Europäische Einheit".*

Warum ist seit der Entstehung der Demokratie in der griechischen Polis Kleinheit so wichtig? Nun, weil Demokratie Überschaubarkeit, Zurechenbarkeit, Verantwortung als Handeln und Haften voraussetzt. Sonst droht die derzeit beobachtbare Entkopplung abgehobener Politfunktionäre von den Bürgern.

Wilhelm Röpke mahnte:

> *„Wenn der Gemeinsame Markt zu einem europäischen Saint-Simonismus, zu einer europäischen Herrschaft des Apparats, zu einem europäischen Dirigismus großen Stils werden sollte, dann ist ein solcher europäischer Dirigismus nicht besser als ein nationaler, ja weit schlimmer, weil er ungehemmter, unentrinnbarer und umfassender sein würde."*

Genau darum geht es in der Substanz, wenn der polemische Vorwurf einer EUdSSR erhoben wird. Nach den Exzessen des 20. Jahrhunderts ist die Naivität erstaunlich, mit der die machtpolitische Dimension des EU-Großstaates im Medienalltag einfach ausgeblendet wird.

Wer ähnlich weitreichend, aber nüchterner, den Sorgen der Freiheitsfreunde auf den Grund gehen möchte, der kann das an neutraler Stelle tun. Der orthodoxe Jude Yoram Hazony – Philosoph, Bibelforscher und politischer Theoretiker – hat ein Buch über die Tugend des Nationalstaats geschrieben und darin wohl überlegte Argumente vorgetragen. Das mag heute vielerorts, auch bei Liberalen, für Irritationen sorgen. Allerdings sollte sich ein mögliches Befremden rasch auflösen, wenn man beim Paar „EU versus Nationalstaaten" eine analytisch weitreichende Änderung vornimmt, die seit Jahrtausenden die Alternative zur (nationalen) Selbstbestimmung im Wettbewerb darstellt: **das Imperium**. Der Begriff steht ursprünglich für die Amtsgewalt eines Beamten, später für Großreiche.

Zitadelle der Freiheit: Privatheit

„Daß Menschen eine eigene Sphäre beanspruchen, wird von der Macht nur selten respektiert." Deshalb liegt ein Schlüssel für die Begrenzung der Macht von Menschen über Menschen in der Privatsphäre. Wolfgang Sofsky wertet sie zur Privatheit auf. Privatheit wird so zur *„Zitadelle persönlicher Freiheit"*.

Liberale sehen bislang vor allem im Privateigentum eine Säule der Freiheit. Ohne Privateigentum keine Freiheit, keine Marktwirtschaft, keine freie Gesellschaft. Das Eigentum einschließlich der Verfügungsgewalt ist ein Kern, wenn nicht das Fundament der Freiheit des Einzelnen. Wem diese Begründung zu ökonomisch ist, vielleicht auch rechtlich zu voraussetzungsreich, dem bietet Privatheit eine starke argumentative Alternative in enger Verwandtschaft. Privatheit genießt einen weiteren Vorteil, sie ist gleichermaßen aktuell wie allgemein verständlich. Eine Privatsphäre hat jeder und schätzt jeder.

Wolfgang Sofsky hat 2007 ein Buch publiziert, das 11 Jahre später in einer erweiterten Fassung via Amazons Independent Publishing nichts an Aktualität eingebüßt hat. Auch in 25 und 50 Jahren dürfte das noch der Fall sein – die Thematik ist wahrscheinlich zeitlos mit dem Menschsein verknüpft. Der Soziologe und Philosoph erhellt über die Perspektive der Privatheit die Bedeutung der Freiheit und ihre Herausforderungen: vom eigenen Körper über private Räume und Privateigentum bis zu Daten und Gedankenfreiheit.

Der Kampf um die Privatheit ist der Kampf um Freiheit, denn Freiheit bedeutet, sein Leben auf eigene Weise führen zu können, ohne unerbetene Einmischung von Dritten. Wo Privatheit herrscht, dort ist die Macht in die Schranken gewiesen. Geradezu angenehm an dieser Auffassung ist, dass Privatheit selbst als ein weit reichendes, aber begrenztes oder defensives Konzept erscheint. Privatheit umfasst „nur" die individuelle Sphäre, bleibt auf das persönliche Umfeld des Menschen begrenzt, bedarf nach einer ersten Lesart nicht einmal der Abgrenzung zur Privatsphäre eines anderen Menschen, anders als Kants Vereinigung der Willkür mehrerer unter allgemeinen Rechtsgesetzen.

Wolfgang Sofsky betont zu Recht, paradoxerweise bedürfe die Verteidigung der Freiheit der Öffentlichkeit. Schließlich ist es nicht dem Einzelnen, sondern erst der Masse möglich, Privatheit gleichsam auf der Makroebene politisch zu erringen und zu verteidigen. Damit werden Unterschied und Zusammenhang von Privatheit und öffentlicher Sache deutlich. In der res publica ist der übliche korrespondierende Schritt der von Konventionen zum Recht.

Das Buch „*Privatheit*" ist ein Manifest der Freiheit, das vom Individuum aus gedacht ist und zunächst nicht über das Recht, sondern über Konventionen wie Anerkennung, Respekt und Rücksicht begreifbar ist, denen jedermann im eigenen Interesse zustimmen kann: „*Durch die gegenseitige Anerkennung des Eigentums garantieren die Bürger ihre eigenen Privatsphären.*" Zugleich steht Privatheit nicht primär und nicht allein in einer konfrontativen Stellung zum Staat. Nicht nur auf dem Land kann die größte Bedrohung der Privatheit die neugierige Nachbarschaft sein. Gleichwohl bedrohen öffentliche Bedienstete unter dem Rubrum Staat auf die gefährlichste Weise das Private. In totalitären Regimen ist niemand nirgendwo sicher. Nicht nur in der DDR war der Inlandsgeheimdienst Bestandteil der Familie.

Der nahe Göttingen lebende produktive Querdenker stellt eine Fülle fruchtbarer Verbindungen zu grundlegenden Fragen einer Ordnung der Freiheit her, etwa zur Emergenz einer freien Gesellschaft: *„Nur wenn private Angelegenheiten den Menschen selbst überlassen bleiben, kann sich eine Vielfalt von Lebensformen entwickeln, die einer Gesellschaft Farbe und Dynamik verleihen."* Eine zentrale Rolle spielt auch das Eigentum, dessen Aufhebung das Individuum zur öffentlichen Figur degradiere. Im Eigentum gewinne hingegen der Wille des Einzelnen gegenständliche Realität. Der Mensch erlebe die Wirksamkeit seines Handelns und erfahre ein Bewusstsein der eigenen Entwicklung. Sätze, die zum Nachdenken einladen – in ihrer Grundsätzlichkeit und leider auch wegen ihrer Aktualität. Dazu passt die Mahnung: *„Einem Volk, das Eigentum nicht anerkennt, fehlt der Sinn für die Freiheit."* Soziale Gerechtigkeit lasse das Private unweigerlich erodieren.

Längst ist Information die *„zentrale Machtquelle des modernen Verwaltungsstaates"*. Sicherheit beruht auf der Kontrolle der Untertanen und der Transparenz ihrer Lebensverhältnisse. Privatheit hingegen ist eine Schutzzone. Das gilt auch gegenüber Nichtregierungsorganisationen: *„Das Recht auf Privatheit schiebt dem Imperialismus der Religion einen Riegel vor."*

In dieser geradezu humboldtschen Perspektive treten die einzig legitimen Staatsaufgaben unverzerrt hervor: Schutz und Sicherheit. Nur die Aufgabe, Sicherheit vor Krieg und Verbrechen zu gewährleisten, legitimiert für Wolfgang Sofsky ein staatliches Budget. Ihm gilt Steuer treffend als Akt der Willkür, da sie nicht zweckgebunden ist, und der Staat vom Wesen her ein Verteiler und Verschwender sei. Steuern und Abgaben begreift er als Zwangsarbeit für den Staat.

Der kleine Band *„Privatheit"* enthält eine Fülle grundsätzlicher, klarer Aussagen mit geradezu definitorischem Charakter. Als philosophischer Soziologe hat Wolfgang Sofsky eine weitere Säule aus dem Stein gemeißelt, die zum Inbegriff der Freiheit werden könnte – gerade im digitalen Zeitalter. Privatheit ist ein gleichermaßen breiter wie präziser Ansatz, der Privateigentum mit einschließt und noch darüber hinaus reicht. Privatheit ist das, was Roland Baader als das einzig wahre Menschenrecht bezeichnete, nämlich in Ruhe gelassen zu werden.

P.S. Für alle, die der Freiheit argwöhnisch gegenüberstehen, bietet Wolfgang Sofsky eine Denkhilfe: *„Bosheiten sind nicht das Ergebnis der Freiheit, sie sind ihr Beweis.“*

Charaktere

Althusius:
Denker und Praktiker des föderalen Freiheitsstaats

Johannes Althusius (1563-1638) wirkte als Rechtsgelehrter und Rechtssyndikus vor allem in der Grafschaft Ostfriesland. Er war gleichermaßen theoretisch wissenschaftlich wie politisch praktisch tätig. Seine Wahlheimat Emden, in der er als Stadtsyndikus segensreich wirkte, galt wegen der calvinistisch-reformistischen Prägung als „Genf des Nordens". Im aristotelischen Geist erzogen und von der staatsfernen Schule von Salamanca beeinflusst, schuf er mit seinem Hauptwerk „*Politica*" eines der bedeutendsten juristischen und politischen Bücher seiner Zeit. Da er seiner Zeit weit voraus war, erlangten Anthusius und sein Werk vergleichsweise spät den Status eines Klassikers, besonders im Vergleich zu seinen Zeitgenossen Hobbes, Bodin und Grotius.

Althusius stammte aus einer bäuerlichen Familie. Er studierte in Köln, Basel und vermutlich in Genf und lehrte ab 1586 an der Hohen Schule zu Herborn bzw. Siegen als (erster) Jurist, später als Professor und Rektor. Althusius zeichnete aus, dass er die theologisch-calvinistische Zielsetzung der Schule in juristische und politik-theoretische Kategorien übertragen konnte. Diese Qualifikation verschaffte ihm im Sommer 1604 eine Anstellung als Syndikus in Emden. Dort vertrat er erfolgreich die politischen und rechtlichen Interessen der Stadt. Als Vorkämpfer einer weitgehend unabhängigen und freien Stadtrepublik erlangte er beträchtlichen Einfluss, wobei er sich am Freiheitskampf der niederländischen Generalstaaten orientierte.

Johannes Althusius hat einen wichtigen Anteil an der modernen Entwicklung der politischen Ideen Europas. Er hat das Verhältnis Politik – Recht – Gemeinwesen neu durchdacht und damit Antworten auf drängende Fragen seiner Zeit gegeben. Seine

Staats- und Gesellschaftslehre steht am Anfang eines spezifisch verfassungsrechtlichen Denkens. Demnach ist der Herrscher nicht Inhaber souveräner Gewalt, sondern kann als Amtsträger diese nur ausüben, weil die Souveränität allen Gliedern der Gesellschaft zukommt. Althusius neues Theorem lautet: Das Volk begründet die Herrschaft. Genossenschaftliche Vertretungsorgane, eine subsidiäre, von unten nach oben gegliederte Ordnung und der Primat des Staates vor individuellen Machtansprüchen einzelner Fürsten sind Ausdruck dieser Haltung. Dies korrespondiert mit seiner Forderung, die Deutungshoheit politischer Fragen obliege nicht der Theologie, sondern der Politik(wissenschaft), deren Aufgabe eben in der Umsetzung von Fragen des Gemeinschaftslebens bestehe.

Als Alternative zu dem etatistischen und statischen Denken für die Organisation des menschlichen Zusammenlebens ist seine auf Ordnung, Disziplin und Eintracht, ja Harmonie im Privaten wie im öffentlichen Bereich zielende „Politik" noch heute bedeutsam. Das gilt gerade angesichts des Zentralisierungs- und Hierarchisierungsstrebens in der EU für seinen frühneuzeitlichen Beitrag zur Entwicklung des Subsidiaritätsprinzips und der Föderalismustheorie.

Das Souveränitätsverständnis von Johannes Althusius gilt als Gegenentwurf zu monarchisch-absolutistischen Konzepten, namentlich des französischen Staatssouveränitätsdenkers Jean Bodin, der den Fürsten als alleinigen und ausschließlichen Inhaber der Staatsgewalt ansah. Aufgrund der in diesem Buch skizzierten Stellvertreterproblematik (Wolfgang Sofsky: *Macht und Stellvertretung*) und einer in Deutschland wieder um sich greifenden Neigung zu Etatismus und Sozialismus ist es bedauerlich, dass die Macht des Faktischen derzeit gegen Althusius wirkt. Umso wichtiger ist es, Alternativen zur überkommenen Staatsorganisation zu durchdenken und zu praktizieren. Ein moderner städtischer Anwalt, der in den Fußstapfen von Johannes Althusius für die Freiheit und Unabhängigkeit der von ihm vertreten Stadt wirkmächtig eintritt, könnte gerade heute ein leuchtendes Beispiel geben.

Freiheitsphilosoph de Jasay:
Intellektualität, die inspiriert

Wir sind nicht unsterblich. Durch die Weitergabe unserer Gedanken können wir aber weiterleben. Anfang dieses Jahres (2019) starb Anthony de Jasay. Die Gedanken des Freiheitsphilosophen leben weiter. Kaum jemand hat in den letzten Jahrzehnten so präzise, so luzide und so zeitlos über Staat und Individuum, Wirtschaft und Gesellschaft nachgedacht und geschrieben. Bereits vor 15 Jahren urteilte der Professor für Wirtschaftstheorie Gerard Radnitzky, auf geistigem Gebiet hätten im 20. Jahrhundert nur wenige mehr für die Freiheit geleistet als de Jasay.

1925 in der ungarischen Gemeinde Aba geboren, erhielt Anthony de Jasay seine Ausbildung in Székesfehérvár und Budapest, die er mit einem akademischen Grad in Agrarökonomie abschloss. Von 1947-48 arbeitete er als freier Journalist, was ihn 1948 aufgrund der Übernahme von Staat und Gesellschaft durch die Sozialisten zur Emigration zwang. Nach zwei Jahren Aufenthalt in Österreich emigrierte er 1950 nach Australien. Dort studierte er nebenberuflich Volkswirtschaftslehre an der University of Western Australia in Perth. Ein Stipendium erlaubte es ihm, 1955 nach Oxford zu gehen, dort sieben Jahre als Forschungsstipendiat am Nuffield College tätig zu sein und zu publizieren.

1962 übersiedelte de Jasay nach Paris und arbeitete im Bankenbereich, zunächst in Führungspositionen, dann selbstständig als Investmentbanker in verschiedenen europäischen Ländern und den USA. Ab 1979 konnte er aufgrund zeitweise kluger Vermögensbildung seinen Ruhestand als Privatgelehrter in der Normandie verbringen.

De Jasay hat sich zunächst vor allem für Nationalökonomie interessiert. Später wandte er sich der politischen Philosophie zu. Seine Veröffentlichungen, darunter mehrere Monographien, die in sechs Sprachen übersetzt wurden, behandeln vorwiegend sozialphilosophische Fragen. Der gebürtige Ungar, der vor allem auf Englisch publiziert, gilt jenseits der akademischen Mainstream-Zirkel als einer der konsequentesten liberalen Philosophen des 20. Jahrhunderts.

Sein Leben lässt sich in zwei Abschnitte gliedern: Zuerst verschaffte er sich die persönliche Freiheit und Unabhängigkeit, um diese anschließend für die Verbreitung von persönlicher Freiheit und Unabhängigkeit einzusetzen. Eine intellektuelle Freude war seine monatliche Kolumne bei der Library of Economics and Liberty, die eineinhalb Jahrzehnte Jahre bis 2018 erschienen und bei Liberty Fund in einer Serie von sieben Bänden verfügbar ist.

Anthony de Jasay, der von seinen Freunden einfach Tony genannt wurde, hat einerseits die Logik der Sozialisten und Sozialdemokraten verwendet, um ihre Irrtümer und ihr zwangsläufiges Scheitern aufzuzeigen. Die Idee einer vermeintlich alternativlosen freiwilligen Unterwerfung unter den Staat für das Gemeinwohl, abgesegnet per Gesellschaftsvertrag, hat er nicht durchgehen lassen. Andererseits hat er die Grundlagen für eine Alternative zu dem praktizierten dritten Weg des heutigen Etatismus aufgezeigt, indem er mit beeindruckender intellektueller Kraft einen modernen, konsequenten Liberalismus entworfen hat.

In seinem ersten Buch „*Der Staat*" (1984) behandelt de Jasay den Staat so, wie Ökonomen auf Unternehmen schauen: als absichtsvollen Akteur. Anders als Unternehmen, die im Wettbewerb nach Gewinn streben, sind die Bemühungen des Staates auf das Ausweiten von Macht und Befugnissen als Monopolist gerichtet.

In „*Social Contract, Free Ride: A Study of the Public Goods Problem*" (1989) zeigt de Jasay, dass öffentliche Güter entgegen vorherrschender Meinungen nicht durch staatlichen Zwang optimal bereitgestellt werden. In „*Against Politics*" (1997) sollte er die Bedeutung von Konventionen für das Zusammenleben und die Illusion wohlmeinender Regierungen fundieren.

Eine eigene, eindeutige theoretische Grundlegung des Liberalismus bildet den Kern seines Buches „*Liberalismus – neu gefaßt*" (engl. Original: „*Choice, Contract, Consent. A Restatement of*

Liberalism", 1991). De Jasay hat sich darin eine strikte Formulierung zur Aufgabe gemacht, um den Liberalismus gegen zersetzende Einflüsse zu immunisieren. Zwei Grundthesen mögen dies verdeutlichen. Die logische lautet: Jede beabsichtigte Handlung ist frei und darf daher durch die Regierung weder geregelt noch besteuert oder bestraft werden, solange nicht nachgewiesen werden kann, dass sie nicht frei ist. Die moralische lautet: Gesetze der Unterwerfung, die eine Pflicht zum politischen Gehorsam beinhalten, sind abzulehnen, weil eine unfreiwillige Unterwerfung unter einen politischen Willen, der noch dazu häufig von einer Minderheit, nie aber von einem Kollektiv insgesamt geäußert wird, moralisch unerhört ist. Grundsätzlich gilt es, die Aufmerksamkeit weg von Gesetzen zu richten und stattdessen stärker auf Konventionen zu achten. Günstigenfalls sind Gesetze ohnehin nur Ausdruck historischer Praktiken. Konventionen beruhen, anders als Gesetze, auf Selbstüberwachung und Freiwilligkeit. Aus diesen Gründen hielt de Jasay eine Verfassung für überflüssig: Entweder brauche man sie nicht, weil alles funktioniere, oder aber sie sei nutzlos, weil gegen sie verstoßen werde.

De Jasay verdanken wir die Erinnerung an die zeitlos gültige und heute wohl wichtigste Aufgabe: die Legitimität des Staates stets zu hinterfragen. Es ist ein Grundübel unserer Zeit, dass die Zuständigkeit und Rechtmäßigkeit des Staates und des staatlichen Handelns heute als Allgemeingut akzeptiert wird. Dies gilt umso mehr vor dem Diktum de Jasays: Die Verfassung gleiche einem Keuschheitsgürtel, zu dem die Lady selbst den Schlüssel besitze.

Anthony de Jasay dachte und argumentierte sehr konkret. Er schrieb in einem vorzüglichen Englisch. Sein nachfolgendes Prinzip kann als alltägliche Tugend für jedermann gelten und sollte für mehr Klarheit sorgen: Wir sollten uns gegenseitig an unseren Versprechen messen und deren Einhaltung einfordern. Das würde uns privat und politisch weiterbringen.

Rush: „The Lyrics Set Me Free"

„Life, Liberty and the Pursuit of Excellence" zeichnen die kanadische Rockband Rush aus – dieser Ansicht sind Fans wie der Autor der gleichnamigen Band-Biographie, Robert Freedman.

Rush gelten als libertär. Dieser Ruf stammt vor allem aus ihrer Gründungs- und Durchbruchzeit. Der Drummer und Songwriter Neil Peart pries Ayn Rand als brilliante Frau und Denkerin sowie exzellente Autorin. Das Album „2112" gilt als musikalische Realisierung von Rands Buch „Anthem" und markierte Durchbruch und Verkaufserfolg der Band zugleich.

Rush lässt sich indes eher als klassisch liberal charakterisieren. Die Rand-Zeit ist Geschichte. Und wichtiger als eine politische Etikettierung ist die individualistische Haltung der Band – im persönlichen Sinne und nicht isoliert, sondern gerade im individuellen Miteinander. Die individualistischen Werte von Rush betont auch der klassisch liberale Ökonom Steven Horwitz, der sogar einen Aufsatz über Rush publiziert hat.

Nach 40 Jahren haben Rush, die 2013 in die Rock and Roll Hall of Fame aufgenommen wurden, keinen Ruf mehr zu verlieren. Ihre Texte sind als philosophisch „sophisticated" anerkannt und gelten zuweilen als inspirierender Einstieg in die Ideen von Aristoteles, Heraklit, Cicero, Seneca, Erasmus von Rotterdam, Adam Smith, Hemingway, Tolkien und anderen Selbstdenkern.

Tief verwurzelt in der westlichen Tradition von Humanismus und Individualismus stehen Rush für musikalische Exzellenz und Kreativität sowie politisch für die Würde des Menschen und das Misstrauen gegenüber Autoritäten. Dazu eine Kostprobe aus dem Album Hemispheres (1978):

> *We can walk our road together*
> *If our goals are all the same.*
> *We can run alone and free*
> *If we pursue a different aim.*
> *Let the truth of love be lighted,*

Let the love of truth shine clear.
Sensibility, armed with sense and liberty,
With the Heart and Mind united in a single perfect Sphere.

Rush sind in Europa weniger bekannt als auf dem nordamerikanischen Kontinent. Das Trio aus Toronto hat sich stets dem Mainstream entzogen und zugleich den Beweis erbracht, dass sich das auszahlt: musikalische Freude, Millionen Fans, Wohlfahrt für beide: Band und Zuhörer.

Stilistisch haben sich Geddy Lee, Alex Lifeson und Neil Peart über die Jahrzehnte weiterentwickelt und gewandelt, was u.a. der Anteil von Synthesizer-Sounds und die Neigung zu Pop und Heavy Metall hörbar machen. Rush werden zum Genre des Progressive Rock gezählt. In einer Kritik schrieb Siggy Zielinski, Rush hätten die „Schallmauer zwischen Hardrock und Heavy Metall überwunden". Wer die häufig langen Stücke hört, erkennt das Sphärische und das stoisch anmutende des Sounds. Neil Peart erklärte einmal sinngemäß: Hard Rock ist unsere Musik, mit Hard Rock sind wir aufgewachsen, Hard Rock fließt aus uns heraus.

Wer würde bei der ausgewiesenen Live Band bezweifeln, dass sich das Trio im Flow befindet? Das ist insbesondere für Geddy Lee eine Herausforderung, der zugleich als Bassist, Sänger und Keyboarder fungiert. Zugleich gilt die Band als musikalisch und technisch vorbildlich. Dazu passt die Selbsteinschätzung, die an Quarterback Tom Brady, der im ersten Band *„Freiheitsliebe"* erwähnt wurde: Rush halten von 120 Konzerten nur etwa 3 für perfekt; Tom Brady konstatierte selbstkritisch, weniger als 10 von 100 seiner Würfe seien für ihn perfekt.

Freunde der Freiheit und des Unternehmertums dürfte die Logistik begeistern, die Rush meistern. In seinem mit grandiosen Fotos ausgestatteten Buch *„Far and Wide: Bring that Horizon to Me!"*, eine Art „R40" (40 Jahre Konzerte) Tour Tagebuch von Neil Peart, werden Risiko und Entdeckungsleistungen sichtbar, die den Transport von Tonnen Material durchschnittlich alle drei Tage an einen neuen Konzertort mit sich bringen.

Musik ist harte Arbeit und Kunst zugleich. Neil Peart, der nach dem Ranking der Zeitschrift „Rolling Stone" zu den besten Drummern aller Zeiten zählt, hörte niemals auf, Unterricht zu nehmen – ein Meister sei auch nur ein lernender Meister.

„The lyrics set me free." könnte das Motto der Band und nicht nur von Neil Peart lauten. Die Texte von Rush sind weit entfernt vom vielfach trivialen Liebeslallen vieler Hard Rock Bands. Die Texte von Rush informieren und analysieren, wollen erziehen und kritisieren – in der Absicht, dass Zuhörer eigene Dummheiten erkennen und ihre Einstellung ändern. Ein geradezu therapeutischer Ansatz.

Hörer werden es bestätigen, es steckt mehr im Sound als nur die Kraft der Texte und Emotionen. Vielleicht trägt sie dazu bei, auch schwere Schicksalsschläge, wie den Tod von Familienmitgliedern, zu überstehen; oder es war Neil Pearts stoische Haltung, die damit unauflösbar verknüpft zu sein scheint.

Im Song „Free Will" von 1980 heißt es:

> *You can choose from phantom fears*
> *And kindness that can kill*
> *I will choose a path that's clear*
> *I will choose free will*

Selbst Ziele stecken und Wege finden, sie zu erreichen – auch die Mitmenschen werden davon profitieren, das ist die zeitlose und inspirierende Botschaft von Rush. Sie gibt Halt und Hoffnung.

Clint Eastwood: ein wahrer Libertärer

„Ich mag die libertäre Haltung, und die lautet, jeden in Ruhe lassen", das sagte der Schauspieler und Produzent Clint Eastwood der Zeitung USA Today. Die lebende Filmlegende spricht damit aus, was seine Leinwandcharaktere regelmäßig verkörpern.

Erfolg erlangte Clint Eastwood durch die Italo-Western, die er ab 1964 mit Sergio Leone drehte: „Eine Handvoll Dollar", „Für eine Handvoll Dollar mehr" (1965) und „The Good, the Bad and the Ugly" (1966). Weniger bekannt ist seine politische Haltung:

> *„Ich glaube an weniger Staat, ich glaube an finanzielle Verantwortung und all diese Dinge, an die vielleicht die Republikaner geglaubt haben, aber das nicht mehr tun."*

Clint Eastwood ist durch seine karge Verkörperung harter Typen bekannt geworden. Das gilt nach den Western vor allem für Dirty Harry. Anschließend wirkte der kommerziell besonders erfolgreiche Schauspieler vielfach in Thrillern und weiterhin Western als Hauptdarsteller, darunter in dem Kassenschlager „In the Line of Fire", in dem er einen alternden Secret Service Agenten spielt, der ein Attentat auf den amerikanischen Präsidenten aufdeckt, weitgehend allein und gegen alle Widrigkeiten. Großen Zuspruch fand er aber auch wenig später als wortkarger Fotograph und romantischer Liebhaber von Meryl Streep in „Die Brücken am Fluss".

Über diesen Film hinaus hat der 1,93 Meter große, markante Kalifornier wiederholt Regie geführt und kann längst auf eine erfolgreiche Karriere als Regisseur zurückblicken. Nicht angefangen, aber weithin sichtbar wurde seine Gabe mit dem Spätwestern „Erbarmungslos", für den er genauso einen Oskar zugesprochen bekam wie für „Million Dollar Baby".

Weniger bekannt ist seine Leidenschaft für Jazz. Der gute Pianist war als Komponist für mehr als ein halbes Dutzend Filme tätig und hat seit 1963 vier Alben veröffentlicht, darunter 1997 „Eastwood After Hours: Live at Carnegie Hall".

Zurück zum Film und Libertarismus: Eastwood, der die Werke von Milton Friedman lobte, bekannte, er sei schon immer ein Libertärer gewesen.

> *„Lass jeden in Ruhe. Lass alle anderen tun, was sie tun wollen. Und halt Dich aus dem Kram anderer Leute raus."*

Dieses Motto steht im Einklang mit dem, was der deutsche Publizist und klassische Liberale Roland Baader (1940 – 2012) als einzig wahres Menschenrecht bezeichnete, eben in Ruhe gelassen zu werden. Ohne an dieser Stelle in eine philosophische Erörterung dieses Rechts und Prinzips einsteigen zu wollen, seien einige naheliegende Assoziationen erwähnt: In der Ruhe liegt die Kraft. Aus einem Zustand innerlicher Ruhe tanken wir Energie. Wer in Ruhe gelassen wird, verfügt über persönliche Freiheit – auch um so beeindruckend kreativ und konsequent wirken zu können wie Eastwood und Baader. Wer andere in Ruhe lässt, der achtet die Freiheit der anderen. Freiheit, Individualität, Unabhängigkeit sind unerlässliche Voraussetzungen um sich und eine Gesellschaft vor Mitläufertum, Konformismus, Populismus und anderen Formen des individuellen Missbrauchs zu schützen. Ruhe befördert Identitätsbildung und Persönlichkeitsentwicklung.

Clint Eastwood teilte dem britischen Magazin „Hello" in einem Interview mit, dass ein Rebell tief in seiner Seele wohne. Er wende sich automatisch gegen den aktuellen Trend. Er sei zu individuell für links oder rechts. Braucht es mehr, um knorrige Freiheitsliebe zu illustrieren, zu personifizieren?

Clint Eastwood gilt als kulturelle Ikone der Männlichkeit. Das gilt sichtbar auch in hohem Alter. Seine filmische Authentizität könnte dem Spielen von Charakteren entspringen, die seinem eigenen entsprechen: unorthodox, individuell, eigensinnig, selbst anpackend, freiheitsliebend. Mit einer Kombination aus Talent und harter Arbeit gelangte er zum Erfolg. Selbstverständlich verbinden sich Maskulinität und konsequente Freiheitsliebe auch politisch beispielgebend: Zu gleichgeschlechtlichen Beziehungen sagte der achtfache Vater: Na und, die Leute können machen, was sie wollen, so lange sie niemandem schaden.

In seinen Filmen trat Eastwood immer wieder gegen Mächtige und Strippenzieher an, und das sehr wehrhaft über „Dirty Harry" hinaus, ob als Prediger in „Pale Rider", als Meisterdieb Luther Whitney in „Absolute Power" oder aufopferungsvoll als Walt Kowalski in „The Grand Torino". Zugleich tritt der mit einer 44er Magnum, einer der stärksten Handfeuerwaffen der Welt, bekannt gewordene Schauspieler seit 1973 für eine Registrierung aller Waffen ein.

Auch außenpolitisch steht Clint Eastwood für Zurückhaltung, in dem er sich gegen die Rolle der USA als globale Polizeimacht mit ständigem Krieg führen ausspricht. Dazu passt sein mitunter falsch verstandener Film „American Sniper", der die schädlichen Folgen des Krieges für die Soldaten und deren Familien thematisiert. Auch hier gilt regelmäßig, dass in Ruhe lassen die bessere Handlungsmaxime ist.

Wilhelm von Humboldt:
Minarchist und Bildungsexzellenz

Wilhelm von Humboldt (1767-1835) zählt zu den großen Freiheitsdenkern in Europa und stellt auch als Bildungsreformer und scharfsinniger Gelehrter, der wiederholt im vorwiegend diplomatischen Staatsdienst tätig war, eine Ausnahmeerscheinung in Deutschland dar. Zusammen mit seinem Bruder Alexander, dem berühmten Naturforscher, zählt er zu den einflussreichen Persönlichkeiten deutscher Kulturgeschichte. Der Mitbegründer der Berliner Universität, die heute seinen Namen trägt, beschäftigte sich intensiv mit Bildung, Sprache, Literatur und Kunst.

In seiner 1792 vollendeten, aber erst nach seinem Tod publizierten Schrift „Grenzen der Wirksamkeit des Staates" führte Humboldt den Staatszweck auf die Frage nach dem Zweck des Menschen zurück. Als vornehmste Aufgabe eines jeden Menschen, die jeder nur selbst leisten kann, sieht Humboldt die „proportionierlichste Bildung der Kräfte des Einzelnen zu einem Ganzen". Die Aufgabe des Staates ist es, als prinzipieller Störer der Selbstbildung des individuellen Bürgers, dessen Entwicklung und Entfaltung nicht zu behindern.

Humboldt setzte sich konsequent gegen den umfassenden Ordnungsanspruch des Staates zur Wehr und lehnt insbesondere staatliche Eingriffe zum Zwecke der Wohlfahrt ab. Für ihn sind nur abstrakte allgemeine Regeln, die auf Sicherheitsbelange gerichtet sind, eine Aufgabe des Staates, d. h. der Staat ist letztlich nur dann zuständig, wenn die Rechte anderer missachtet werden.

Biographie

Wilhelm von Humboldt strebte nach einem Leben der Selbstvervollkommnung und konnte seine hohen an sich selbst gerichteten Ansprüche weitgehend realisieren. Von großbürgerlich-adeliger Herkunft und früh finanziell unabhängig entwickelte sich der in Potsdam geborene spätere Gelehrte früh nach seinem Leitbild:

*„Der wahre Zweck des Menschen – nicht der,
welchen die wechselnde Neigung, sondern
welchen die ewig unveränderliche Vernunft ihm
vorschreibt – ist die höchste und proportionierlichste Bildung seiner Kräfte zu einem
Ganzen. Zu dieser Bildung ist Freiheit die erste
und unerläßliche Bedingung."*

Humboldt wuchs auf Schloss Tegel, das seine hugenottische Mutter mit in die Ehe gebracht hatte, und in einer Berliner Stadtwohnung auf. Sein Vater war preußischer Offizier und königlicher Kammerherr. Bereits in seiner Jugend wurde er wie sein Bruder intensiv unterrichtet. Wilhelms Bildungsfleiß erregte Aufsehen. Nach einem kurzen Studium in Frankfurt an der Oder und Göttingen mit Schwerpunkten in Philosophie, Geschichte und alten Sprachen sowie parallelen Bildungsreisen u.a. in die Revolutionsstadt Paris trat Wilhelm von Humboldt 1790 in den Staatsdienst ein. Nach nur einem Jahr in der Ausbildung für die Richterlaufbahn und den diplomatischen Dienst bat er um seine Entlassung. Anschließend betrieb er zusammen mit seiner Frau Caroline (Heirat 1791, acht gemeinsame Kinder) auf einem Gut in Thüringen intensive Bildungsstudien. Der Bildungsliberale war geprägt von den Ideen von Leibniz und Lessing, beeinflusst von den Ideen Herders und Rousseaus sowie Kants. Er stand in engem Kontakt mit Friedrich Schiller und avancierte zum scharfen Analytiker und konstruktiven Kritiker von Schiller und Goethe. Zeitlebens pflegte er intensive Kontakte zu vielen anderen Geistesgrößen.

In Thüringen schrieb er im Alter von nur 25 Jahren seine „Ideen zu einem Versuch, die Grenzen der Wirksamkeit des Staats zu bestimmen"; nicht zuletzt unter dem Eindruck seines kurzen Staatsdienstes, der ihn zutiefst enttäuscht hatte.

Sein ungemein vielfältiges Leben konnte er ab 1796 durch ein Erbe finanziell unabhängig führen. Humboldt lebte als Privatier zeitweilig in Paris; anschließend war er mehrere Jahre als Gesandter Preußens in Rom im Vatikan tätig. 1809/10 folgte ein kurzes, aber folgenreiches Engagement als Bildungsreformer.

Binnen 16 Monaten schuf Humboldt als Leiter der Sektion des Kultus und des öffentlichen Unterrichts das dreistufige Schulsystem, wirkte an der Gründung der Berliner Universität 1810 mit und prägte die Einheit von Forschung und Lehre – bei universitärer Selbstverwaltung zum Schutz der Universität vor dem Staat.

Als preußischer Diplomat und Minister wirkte Humboldt anschließend bis 1819 als Diplomat in Wien und London. Leider konnte er (s)eine liberale Verfassung für den Deutschen Bund beim Wiener Kongress nicht realisieren, trotz seines Wirkens als rechte Hand Hardenbergs und 1919 einem Intermezzo als Minister für ständische Angelegenheiten.

Die restlichen 15 Jahre seines Lebens verbrachte Humboldt als Privatgelehrter vor allem mit intensiven Sprachstudien auf Schloss Tegel. Als Bau- und Schlossherr engagierte er dort nicht nur Karl Friedrich Schinkel für den klassizistischen Umbau, sondern widmete sich auch der Förderung von Kunst und Künstlern. Humboldt beherrschte sieben Sprachen und gilt als Begründer der vergleichenden Sprachforschung. Für Liberale bedeutsam ist seine Feststellung, dass das Individuum durch die von ihm genutzte Sprache in seiner Freiheit sowohl begrenzt wird, als auch mit ihr wächst.

In liberaler Hinsicht entfaltete er eine starke, direkte Wirkung u.a. auf John Stuart Mill. Bis heute inspiriert er Generationen von Freiheitsdenkern. Zwei Leitfragen kennzeichnen das Denken des Minimalstaatlers: Wie kann der Staat zur bestmöglichen Entfaltung der Kräfte der Bürger beitragen? Und: Was macht aus einem legitimen einen guten Staat?

Weggefährten über Humboldt

„Ist es ein Zufall, dass Deutschlands größter Theoretiker der Freiheit, Wilhelm von Humboldt, auch einer seiner größten Sprachtheoretiker war?" konstatierte fragend Friedrich August von Hayek.

Johann Wolfgang von Goethe empfand es als „Glück, gleichzeitig mit den vorzüglichsten Männern zu leben" – und meinte damit Wilhelm und Alexander von Humboldt.

Friedrich von Gentz bemerkte: „Diese Kraft in sich und in anderen immer aufs Höchste zu befördern und ihr reines und freies Spiel in jedem menschlichen Wesen hervorzulocken und zu fixieren, das ist ihm der letzte Zweck allen Daseins und sein kontinuierliches Bestreben, wovon ihn weder Schmerzen noch Verdruss noch Misslingen abschrecken können. Dabei ist er nun der größte und vollendetste Gesellschafter, den es geben kann. Wenn man mit ihm redete, so ist es immer, als wenn man mit sich selbst redete, nur unendlich leichter."

Humboldt ganz modern: lebenslanges Lernen und Minimalstaat

Wilhelm von Humboldt ist 250 Jahre nach seiner Geburt wieder oder immer noch modern: „Das höchste Ideal des Zusammenexistierens menschlicher Wesen wäre mir dasjenige, in dem jedes nur aus sich selbst und um seiner selbst willen sich entwickelte." Heute ist lebenslanges Lernen eine allgegenwärtige Forderung. Bücher, Videos, Ratgeber und Coaches bieten ihre Tipps und Unterstützung in allen Lebensbereichen an.

Die humboldtsche porportionierlichste Bildung der Kräfte bedeutete auch für den großen Gelehrten ein permanentes Arbeiten an sich im Streben zu höheren Zielen – letztlich dem einen Ziel der Erkenntnis. Dabei war Humboldt ganz im Sinne der modernen Hirnforschung überzeugt, Bildung werde durch Begeisterung angefacht. Die Entwicklung des Menschen sah er als Bestimmung und als Prozess an, weshalb es keinen Endpunkt gebe. Und in Übereinstimmung mit der Glücksforschung gelangte Humboldt zur Erkenntnis, dass Glück auf kraftvoller Anstrengung beruhe:

> *„Der Mensch genießt am meisten in den Momenten, in welchen er sich in dem höchsten Grade seiner Kraft und seiner Einheit fühlt."*

Ferner sah er die höchste Befriedigung im ungeteilten Augenblick verwirklicht, was heute unter dem Stichwort Achtsamkeit propagiert wird. Schließlich passt zur modernen Entwicklung der Individualität, dass Humboldt Eigentümlichkeit und Beharrlichkeit als Gebote an den Charakter stellte. Im Einklang damit und gegen den Massenmenschen der Moderne gerichtet, ist seine Erkenntnis: Vielfalt führt zu Reichtum.

Bemerkenswert erscheint zudem seine Erkenntnis, dass Sprache sich emergent, nicht geplant entwickelt. Friedrich August von Hayek führte Sprache übereinstimmend als Beispiel für eine spontane Ordnung an. Für Humboldt wird Verstehen aus der Auffassung des Sprechenden und des Hörenden gebildet (modern: Sender und Empfänger). Menschen schaffen für den Sprachforscher durch ihr Sprechen einen Beitrag zur Sprache. Sie entwickeln sich mit und durch Sprache.

Den Minimalstaat hat Humboldt in seinem Pamphlet „*Grenzen der Wirksamkeit des Staates*" konsequent durchdacht. Im Mittelpunkt steht die Frage des Staatszwecks, die Humboldt der Frage nach dem Zweck des Menschen unterordnet, weil ein Kollektiv keinen Zweck haben kann. Als vornehmste Aufgabe eines jeden Menschen, die jeder nur selbst leisten kann, sieht er die bestmögliche Entwicklung des Individuums aus eigenen Kräften im Verbund mit anderen Menschen in mannigfachen Situationen an, letztlich die Bildung einer geistigen Individualität durch Worte.

Eine zentrale Rolle spielen in seiner Schrift die Polizeigesetze (*Policeygesetze*); sie bezeichneten eine Fülle von Gesetzen, Normen, An- und Verordnungen, zum Teil auch Verwaltungsakte, die mit dem Anspruch auf generelle Geltung eine „gute Ordnung" herbeiführen sollten. Humboldts Schrift richtet sich gegen diesen umfassenden Ordnungsanspruch des Staates. So lehnt er insbesondere staatliche Eingriffe zum Zwecke der Wohlfahrt ab. Das gilt sowohl für das „positive Wohl" einschließlich Leben und Gesundheit als auch für die moralische Erziehungsabsicht.

Für Humboldt sind nur abstrakte allgemeine Regeln, die auf Sicherheitsbelange gerichtet sind, Aufgabe des Staates, d. h. der Staat ist letztlich nur dann zuständig, wenn die Rechte anderer gekränkt werden. Alles andere liegt jenseits der Grenzen der Wirksamkeit des Staates. Ziel ist es, dass jeder Einzelne im Zuge (s)einer maximalen Ermächtigung ein selbstbestimmtes Leben führen kann. Auf diese Weise soll Freiheit auch der Einhaltung der Gesetze dienen, zumal idealer Weise freiwillige Vereinbarungen aus eigenem Antrieb an die Stelle staatlicher Gesetze treten sollen:

„Die Staatseinrichtung an sich ist nicht Zweck, sondern nur Mittel zur Bildung des Menschen."

Für Deutschland sprach er sich gegen eine Verfassung und für einen Staatenverein aus.

John Mayer: die proportionierlichste Bildung der musikalischen Kräfte mit der Gitarre

„Die beste Musik ... wird zu Deinem Begleiter und sorgt nicht nur dafür, dass Du mitsingst; sie platziert Dich hoffentlich an einem Ort, an den Du Dich erinnern kannst."

Dieses Verständnis, besser Gefühl, von Musik, bietet der Singer, Songwriter, Gitarrist und tourende Musiker John Mayer. Kein Wunder, dass er selbst jede Menge Songs geschaffen hat, die uns mit einem Ort oder einer Handlung verbinden können.

John Mayer gehört zu denen, die es geschafft haben! Mehr als das! Bereits mit Mitte 20 wurde er zum Star, ausgezeichnet mit einem Grammy, nicht dem einzigen. Nur wenige Jahre zuvor hatte er nach einer einjährigen Stippvisite am Berklee College of Music in Boston den Sprung ins kreative Musikunternehmertum gewagt und sich mit viel Können und günstigen Bedingungen aus dem Nichts nach oben gearbeitet.

John Mayer lässt sich aus der Perspektive der Freiheitsliebe betrachten – als Beispiel für produktive Kreativität, kontinuierliche Selbstbildung seiner musikalischen Kräfte und jemandem, der handwerkliche Professionalität mit einem unbändigen Drang zum künstlerischen Selbstausdruck verbindet. All das ist bereits in seinem ersten Album „*Room for Squares*" angelegt.

Geboren wurde John Mayer am 16.10.1977 in Bridgeport, der größten Stadt in Connecticut, USA, die an der Ostküste zwischen New York City und Providence liegt. Bereits als Junge begeisterte ihn die Musik der 80er Jahre und deren professionelle Darbietung; seinen inneren Klang sollte aber stets der Blues bilden, den er geradezu aufsog. Nachdem er das Gitarrensolo von Michael J. Fox in dem Film „Zurück in die Zukunft" gesehen hatte, nahm er Gitarrenstunden. Zu Hause übte er die ganze Nacht durch, bis seine Mutter das Spielen auf 21.30 Uhr begrenzte. Ein derart begeistertes Engagement ist eine Voraussetzung für Erfolg, reicht aber regelmäßig nicht aus. Gleichwohl wird der Wille zur proportionierlichsten Bildung der eigenen Kräfte im Fall von John Mayer sichtbar und hörbar.

In der Dokumentation „Someday I'll Fly" beschreibt er sich als gleichsam unsichtbar in der Schule. Keineswegs absehbar war, was der aus einem bürgerlichen Zuhause stammende John Mayer aus seinem verborgenen Talent machen würde. Da er niemanden kannte, der singen konnte, versuchte er es selbst, nachdem er mit dem Songschreiben begonnen hatte. Mehrere Jahre träumte er von einer Gitarre. Schließlich hatte er 900 Dollar gespart, u.a. durch Arbeit auf einer Tankstelle, und kaufte sich eine gebrauchte SRV (Stevie Ray Vaughn) Signature Stratocaster.

Im Rückblick wird deutlich, wie konsequent sich John Mayer durch die Musik der Legenden gearbeitet hat, wenn er berichtet, dass er die Musik von Stevie Ray Vaughn, Jimi Hendrix und anderen „kapiert" habe, also gelernt und verinnerlicht.

Ein zweites Puzzlestück illustriert die Kraft, die seine kontinuierliche Verbesserung antrieb:

„Wenn ich eine Gitarre auf der Bühne in die Hand nehme, dann muss es wohl so sein wie ein Pilot, der sich in seinen Sitz setzt, ein Headset aufsetzt und losfliegt.“

Tatsächlich zeigen Live-Mitschnitte wiederholt, wie John Mayer beim Gitarrespielen mit geschlossenen Augen völlig versunken ist, im Flow, mit intensivem Gesichtsausdruck, und seine „sinnstiftende Rebellion“ praktiziert. Mit eigenem Stil und großer Virtuosität, auch im Duett, etwa mit Gary Clark Jr.

Kreativunternehmer

Bereits seine erste Platte katapultierte ihn an die Spitze. Er hatte all seine Kreativität hineingelegt, seine ganzen Ideen für ein Leben gebündelt, und war gegen manche professionelle Empfehlung sicher, dass nicht erst eine zweite oder dritte, wie sonst üblich, den Durchbruch bringen würde. Tatsächlich spielte er mit dem Album vor zunächst 80 und schließlich 18.000 Zuhörern. *„Room for Squares“* sei ein einziger Energieball gewesen, für alle Beteiligten, wie John Mayer einmal bemerkte.

Eine Erfolgsgrundlage der persönlichen Entwicklung bildete bei dem Sohn von Lehrer-Eltern unternehmerisches Handeln. Nach dem Abbruch des Musikstudiums zog er zu einem anderen Musiker nach Atlanta. Dort fing er an, Solo zu spielen, in Bars. Napster – die Musik-Tauschbörse mit zeitweise schlechtem Ruf – begriff der Selbstunternehmer als großartiges Verteilungssystem: Napster sei ideal gewesen, um sich bekannt zu machen. Die dritte unternehmerische Leistung kam von außen hinzu. Es sei klasse, so John Mayer, mit Leuten zusammenzuarbeiten, die deine Platte machen wollen.

Vom Label Aware Records bis zu Sony wurde das 2001 zunächst nur im Internet erschienene Album *„Room for Squares“* verbreitet und 1 Millionen Mal verkauft. Die Erfolgswelle war mit vielen Konzerten und Auftritten im Fernsehen verbunden, für die der lakonische, natürlich und locker wirkende John Mayer Talent mitbrachte. 2003 erhielt er einen Grammy für „*Your Body is a Wonderland*". In seiner unnachahmlichen Art bedankte sich John Mayer: „Das ist wirklich schnell und ich verspreche aufzuholen." Als er „Mayer Me" auf T-Shirts gesehen habe, soll ihm sein Durchbruch vollends bewusst geworden sein. 2005 folgte der nächste Grammy für „*Daughters*". Er widmete den Song seiner Großmutter, die eine großartige Tochter habe – seine Mutter.

Inzwischen hat John Mayer sieben Grammys gewonnen. Wichtiger noch als sein zweites Album „*Heavier Things*", das er nach seinem Umzug nach New York erarbeitete, ist sein drittes: „*Continuum*". Es dokumentiert seine beträchtliche künstlerische Weiterentwicklung. John Mayer hatte nun stärker als zuvor seinen Sound gefunden und benutzte die E-Gitarre als seine Stimme. Statt Pop prägten Blues und Jazz seinen Sound. Die Zusammenarbeit mit Blues-Größen wie B. B. King, Buddy Guy und Mr. Slowhand Eric Clapton sowie Jazz-Größen wie John Scofield und Herbie Hancock trug dazu bei.

Kreativität entfaltet sich im Freiraum

In einem Interview erklärte der gerne live spielende Musiker, dass er am liebsten Songs spiele mit viel Raum, Songs, die nicht diktierten, was er jede Nacht machen müsse, die er variieren, ergänzen und mit Intros und Solos ergänzen könne.

Teil seiner Weiterentwicklung war die Zusammenarbeit mit Steve Jordan (Drums) und Peno Palladino (Bass) des sehr gefühlvollen „John Mayer Trio". Wer sich davon überzeugen möchte, kann den wunderbaren Konzertfilm „*Where the light is*" auf DVD anschauen.

John Mayer verfolgt auch nach zwei Jahrzehnten als professioneller Musiker unverändert ein Ziel, seine Spielfähigkeit immer wieder bis zum Maximum seiner Fähigkeit zu bringen. Manche Nacht gehe es sogar darüber hinaus. Hinterher sei er verwundert und erfreut, dass ihm das gelungen sei. Durch Authentizität dringe er tiefer in die Kunst ein: „*Craft responds to truth*". Außerdem höre er immer und immer wieder in Songs hinein, um festzustellen, ob die Musik wirklich seinem Innersten entspringe. Wenn man seinen Instinkten, seinen Gefühlen folge, gerade im Flow, dann bekomme man 10.000mal mehr zurück als mit Perfektionismus, zeigt sich Mayer überzeugt. Dennoch steckt ungeheuer viel harte Detailarbeit in einer Platte. Dazu gehört immer wieder neues Texten, immer wieder spielen, alles aufnehmen und doch verwerfen, vielleicht für später aufheben.

Selbst gewählte Vielfalt

Inzwischen hat John Mayer, der rund 200 Gitarren und zahlreiche extra für ihn angefertigte Verstärker gesammelt hat, seinen Stil variiert, musikalische Ausflüge in Richtung Country unternommen und eine Heimat in Montana als Refugium geschaffen für die Zeit zwischen Touren, inmitten in der Natur. Seinen Gesang hat er verändert und perfektioniert, seinen variablen Stil gefunden.

Mit Blues als seiner musikalischen Heimat kann er sich vielseitig entwickeln und Künstler, Musiker, Songs austauschen. Seine Zusammenarbeit reicht von Alicia Keys und Barbra Streisand über Tony Bennet und Keith Urban bis Jay-Z. Seine Elastizität an der Gitarre erlaubt es ihm, gleichsam in andere Personen zu schlüpfen und sich in Bands zu integrieren – wie ab 2015, als er die Nachfolgeband von Grateful Dead mitbegründete und als einfacher Gitarrist statt Frontman tourte.

John Mayer trennt zwischen gefühlvoller Musik und Musik, die Ideen enthält wie *„Stop this Train"* zum Altern der Eltern, das man nicht stoppen kann. Immer wieder wechselt er den Ort für seine Kompositionen. So zog er, für *„Half of my Heart"*, ein zeitloses „California Rock Ding", nach LA mit dem für ihn leichten, melodischen Lebens- und Rhythmus-Gefühl.

Die Perspektive der proportionierlichsten Bildung der Kräfte bleibt, nämlich die eigene Bandbreite entdecken und mit der der Klassiker vergleichen. Eine Tour ist ihm erklärtermaßen nur dann möglich, wenn er in dieser Zeit ausreichend Musik in sich spürt, um authentisch und ausdrucksstark spielen zu können.

John Mayer trägt viele Botschaften in sich. Eine, die eng mit dem amerikanischen Traum verbunden ist, lautet: Sei immer der, der Du bist, egal was andere von Dir erwarten. Denn Kunst antwortet auf Wahrheit.

Essay Freiheitsliebe

„Wer die Freiheit liebt, ist mit sich selbst im Reinen.“ Dieser Titel eines Vortrags, den ich im Club Büro Berlin der Hayek-Gesellschaft gehalten habe, mutet etwas eigentümlich an.

Offenkundig enthält die Feststellung mindestens vier Aspekte: *Freiheit*, Freiheitsliebe – ganz wesentlich also *Liebe*, ferner *selbst* und schließlich *im Reinen*. Auf alle vier Aspekte werde ich eingehen. Dabei möchte ich zwei Perspektiven besondere Aufmerksamkeit schenken: der Freiheitsliebe und der persönlichen Entwicklung. Zwischen beiden besteht für mich ein enger Zusammenhang.

Disclaimer: Es geht mir nachfolgend nicht um eine übersteigerte Selbstoptimierung, die derzeit beispielsweise in den USA kritisch diskutiert wird.

Was habe ich vor?

a) Ich möchte nachfolgend einen Einblick in eine Denk-, mitunter Gefühlswelt geben, nicht mehr und nicht weniger. Es erwartet Sie eine Art Werkstattbericht.

b) Freiheit und Entwicklung betrachte ich nachfolgend auf eine individuelle, persönliche, zuweilen emotionale Art und Weise. Dieser Blick blendet die Ordnung und Verfassung der Freiheit nicht aus, stellt aber den denkenden, fühlenden und handelnden Menschen in den Mittelpunkt der Betrachtungen.

c) Freiheit wird dementsprechend vorwiegend in einer Perspektive auf den einzelnen Menschen behandelt, insbesondere als Mensch, der mit sich selbst ringt. Offenkundig wirkt sich dieses Ringen auf unsere Mitmenschen aus.

Nachfolgend geht es eher um alltägliche, lebensweltliche und persönliche Gedanken, nicht um philosophisch oder psychologisch Tiefschürfendes. Es handelt sich in oberflächlicher

Anlehnung an Hannah Arendt um *Denken ohne Geländer*. Mit der Sportsmarke Nike ließe sich auch sagen: *Just do it!*

Ausgangspunkt ist die Devise: *„Wer die Freiheit liebt, ist mit sich selbst im Reinen."*

Blitzlichter

Mit vier Zitaten möchte ich den Denkraum aufspannen und zum Selbstdenken anregen.

„Der wahre Zweck des Menschen, nicht der, welchen die wechselnde Meinung, sondern welche die ewig unveränderliche Vernunft ihm vorschreibt, ist die höchste und proportionierlichste Bildung seiner Kräfte zu einem Ganzen. Zu dieser Bildung ist Freiheit die erste und unerläßliche Bedingung.", Wilhelm von Humboldt

„Niemals war der Welt eine bessere Gelegenheit geboten, aber sie warf sie von sich, weil das leidenschaftliche Verlangen nach Gleichheit die Hoffnung auf Freiheit zunichte macht.", Lord Acton

„Courage over Comfort.", Brené Brown

Wir finden Freude und Glück zuallererst in uns selbst. Eine wichtige Voraussetzung ist erfüllt, *„wenn es uns gelingt, im Handeln, Denken, Fühlen und Wollen der zu sein, der wir sein möchten.",* Peter Bieri

Es lohnt sich, an dieser Stelle kurz innezuhalten und die vier Zitate im Zusammenhang mit der Devise *„Wer die Freiheit liebt, ist mit sich selbst im Reinen"* zu betrachten.

Freiheit und Freiheitsliebe

Worum geht es mir dabei? Was meine ich damit? Ich möchte die persönliche Entfaltungsmöglichkeit im Laufe der Zeit in den Vordergrund rücken. Weder ein Zustand, noch ein Endziel, sondern der individuelle Lern- und Entwicklungspfad ist mir wichtig. Offenkundig ist der Weg sehr individuell und lässt sich nicht standardisieren. Er ist von der jeweiligen Konstitution der Person abhängig, wird von seiner Umgebung geprägt, maßgeblich zunächst von der Familie, aber auch durch Kindergarten und Schule, später durch den Beruf. Nachfolgend geht es mir indes nicht um die Umstände, nicht um die Sozialisation und auch nicht um ein Optimum für jedermann. Faszinierend finde ich hingegen die Möglichkeit, sich jederzeit gerade auch im Kleinen weiterentwickeln zu können. Jeder nach seiner Façon und auf seinem individuellen Niveau. Dabei gilt:

> *„Paradoxerweise lernen wir nur, mehr wir selbst zu werden, wenn wir frei und um der Sache willen handeln und nicht aus niederen Beweggründen. Wenn wir ein Ziel wählen und uns bis an die Grenzen unserer Konzentration in dieses Ziel hineinversetzen, wird alles, was wir tun, erfreulich.“*

Das bemerkte Mihaly Csikszentmihalyi in seinem Weltbestseller *„Flow“*. Die gleichermaßen konzise, wie perspektivenreiche Erkenntnis des emeritierten Professors für Psychologie an der University of Chicago enthält mehrere Aspekte, die mir für eine Annäherung an mein Thema wichtig sind:

➤ Flow als Frei-sein durch vollständige Hingabe gilt für Profis und Anfänger gleichermaßen

➤ Lernen und Bildung seiner Kräfte als elementare Bestandteile persönlicher Entwicklung, lebenslang

➤ Fokus, mit den Worten von Tom Brady, dem herausragenden Quarterback der New England Patriots, auch „Laserfocus“, als vollkommene Konzentration auf den Moment und die anstehende Aufgabe, also nur auf den nächsten Schritt

➤ Ziele, für die ich mich selbst entschieden habe und von denen ich überzeugt bin, sie erreichen zu wollen, weil sie mir wichtig sind

> Vertrauen in sich selbst besitzen und sich selbst im Griff haben, zumindest weder Beherrschung und Fassung gänzlich verlieren – zugleich sich und seine Potenziale realistisch einschätzen können

> schließlich Freude und Begeisterung, als Resultat persönlicher Entwicklung, als Wertschätzung der Entwicklungsfreiheit und nicht zuletzt als Freude über sich selbst.

Selbstliebe ist eine bedeutende Fähigkeit. Für manch einen stellt sie eine Errungenschaft dar. Selbstliebe wird als Voraussetzung einer Ordnung der Freiheit bislang vollkommen unterschätzt.

Kleines Zwischenfazit: Freiheit und Freiheitsliebe sind in dieser Betrachtung das Wertschätzen und Annehmen persönlicher Entwicklungsmöglichkeiten. Freiheitsliebe ist eine überaus positive Sicht auf Chancen, auf einen offenen Entwicklungspfad, der nahezu endlos ist, aber zu keiner Endabrechnung führt. Liebe zur Freiheit, Liebe zur Entwicklung, Liebe zur Bildung der persönlichen Kräfte bilden eine Einheit.

Freiheitsliebe als individuelles Vermögen

> *„Freiheit bedeutet, ich kann alles tun, was anderen nicht schadet. Freiheit herrscht, wenn mir andere Menschen keine Hindernisse in den Weg stellen.“*

Dieses Melange-Zitat aus Formulierungen von Matthias Claudius, dem Dichter und Journalisten, der von 1740 bis 1815 lebte, und Rolf W. Puster, Philosophie-Professor an der Universität Hamburg, weist auf die Konstellation hin, die individuellem Streben freie Bahn lässt und einen Freiheitsordnungsbegriff enthält.

> *„Freiheit ist nicht nur meine Freiheit und Deine Freiheit, sondern die Freiheit von jedermann. Freiheit kann nur geschützt und erhalten werden, wenn sie als individuelles und zugleich als gemeinsames Gut begriffen wird.“*

Dieses hayekianisch anmutende Zitat ist älter als der Nobelpreisträger und stammt von Benjamin Constant. Es weist auf die individuelle Ebene als Teil einer Ordnung der Freiheit hin.

Beide Zitate zusammen genommen stehen für Freiheitsliebe als individuelles Vermögen in Verbundenheit mit anderen Menschen. Zugleich wird angedeutet, dass Freiheit nur die Freiheit der Vielen sein kann, zumal sie für jeden Menschen Spielräume bietet und hilfreich ist. Freiheit ist eine Option, kein Anspruch auf ein Resultat. Freiheit bietet Möglichkeiten, keine Gewissheiten. Freiheit ist eine Essenz des Lebens. Sie zu nutzen ist mit dem Menschsein verbunden. Jeder kann die Freiheit nur auf seine individuelle Weise und nach seinem persönlichen Vermögen nutzen. Das individuelle Potenzial lässt sich entwickeln. Wer die persönliche Entwicklung wertschätzt, lässt sich nicht beirren – seine Entwicklungsliebe weist den Weg.

An dieser Stelle möchte ich die individuelle Entwicklungsliebe, das „*Do it your way*", anhand einiger nicht alltäglicher Lebensläufe illustrieren.

1. John Mayer, Rhythm & Blues Gitarrist, äußerte sich in einem längeren Interview im Rahmen der Oxford Union zu seiner Musikausbildung. John Mayer ist einer der herausragenden Gitarristen der Welt. Er wuchs auf dem Land auf und ging zum Musikstudium nach Boston. Das Studium gab er bereits nach einem Jahr auf. Warum? Er habe in den Veranstaltungen rasch begriffen, worum es den Dozenten ging. Die hätten ihre Idee indes nicht weiterentwickelt, sondern länglich ausgebreitet. Das habe ihm zu wenig gebracht. Curricula seien für seine persönliche Entwicklung ungeeignet.

Neugier, Eigentümlichkeit und ein guter Schuss positiver Arroganz zeichnen John Mayer aus. Sein Entwicklungspfad ist sehr individuell und völlig unabsehbar verlaufen. Motor seiner Entwicklung war er selbst.

2. JE11 & TB12, Julian Edelman & Tom Brady, Wide Reciever und Quarterback mit den Trikotnummern 11 und 12 bei den New England Patriots, dem herausragenden Verein der NFL in den letzten beiden Jahrzehnten, sind sehr erfolgreiche Spieler. Brady gilt als G.O.A.T., als Greatest Of All Times. Beide haben ihre Erfolge „against all odds" erreicht. Bei beiden lautete das professionelle Urteil am Anfang ihrer Karriere, dass sie keine Karriere machen würden. Sie fielen durch das bis dato weithin verbreitete Raster für erfolgversprechende Spieler. Edelman galt als zu klein. Brady besaß keine herausragende Fähigkeit. Ein Charakterzug verbindet beide: maximale persönliche Entwicklung im Wettbewerb. Brady gilt als jemand, der den Wettbewerb nicht nur annimmt, sondern umarmt und unter Druck besser wird.

3. Henry Hazlitt, einer der erfolgreichsten Publizisten der 1940er und 1950er Jahre in den USA, war ein absoluter Selfmademan. Schon in ganz jungen Jahren schrieb er darüber, wie man richtig denkt und seine Ziele verwirklicht. Hazlitt war ein großer öffentlicher Intellektueller – ohne Studium. Er machte Friedrich A. von Hayek und Ludwig von Mises mit seinen Artikeln, Besprechungen und Kolumnen in den USA bekannt und teilweise berühmt. Von ihm stammt die bedenkenswerte Erkenntnis, dass es genauso wichtig sei, selbst zu denken wie zu lesen. Man solle die gleiche Zeit zum Selbstdenken aufwenden wie für das Lesen.

4. Die vielen, insbesondere kleinen Unternehmer, die **in Deutschland und hier in Berlin** den Menschen so viel Nutzen stiften, möchte ich abschließend erwähnen. Ich denke an einen unermüdlichen Selfmade-Unternehmer aus der Nachbarschaft, der in Deutschland und den USA im Grunde seit dem Ende der Schulzeit Marktchancen gesucht und entwickelt hat, der sich gegen den Bürokratiemoloch und die Anmaßungen der Steuerbehörden wehrt und unter all den Zusatzlasten immer weiter macht. So entwickelt er sich und sein Unternehmen. Ein Held des Alltags. Hut ab!

Für alle hier aufgeführten Charaktere gilt, dass sie Pioniere sind, Lebenspioniere und Lebensunternehmer. Sie unternehmen etwas, um voranzukommen. Ich assoziiere damit das

Motivationsvideo für den Super Bowl LI, das jemand aus Videosequenzen in Verbindung mit einer zeitlosen Passage aus dem Film „*Interstellar*" verbunden hat. Ich nenne es „We are still pioneers". Der Text geht wie folgt:

> *„We've always defined ourselves by the ability to overcome the impossible.*
> *And we count these moments.*
> *These moments when we dare to aim higher, to break barriers, to reach for the stars, to make the unknown known.*
> *We count these moments as our proudest achievements.*
> *But we lost all that.*
> *Or perhaps we've just forgotten that we are still pioneers.*
> *And we've barely begun.*
> *And that our greatest accomplishments cannot be behind us, because our destiny lies above us."*

Freiheitsliebe ist individuelles Vermögen, zudem Beharrlichkeit und Zielstrebigkeit. Stolz auf das Erreichte gehört dazu. Freiheitsliebe endet nicht. Freiheitsliebe ist Selbstverpflichtung.

Wer die Freiheit liebt, ist mit sich selbst im Reinen.

Freiheitsliebe – Liebe

„Liebe lebt, Liebe stirbt, keiner weiß warum." bemerkte Maria Schell. So ähnlich verhält es sich auch mit der Freiheitsliebe. Die Liebe zur Freiheit, besser der Anteil der Befürworter in Umfragen, ist nicht gerade üppig und hat in den letzten Jahren eher abgenommen. Freiheit wird erst dann bei vielen Menschen wichtig, wenn sie fehlt, wenn sie schmerzlich fehlt, weil die Knechtschaft unerträglich geworden ist. Wie bei der Liebe auch, lassen sich Hypothesen formulieren, warum die Freiheitsliebe kommt und geht.

*„Liebe bedeutet, einen Menschen so zu sehen, wie
Gott ihn gemeint haben könnte."*

Dieses Zitat stammt von Dostojewski. Liebe meint einerseits, andere Menschen zu lieben, sollte aber auch als Selbstliebe verstanden werden. Gott kann für Nichtgläubige auch als Platzhalter verstanden werden, zum Beispiel für die Natur. Liebe ist eine besonders positive, wertschätzende Perspektive und Erkenntnis.

Liebe ermöglicht die volle Konzentration auf eine Person, es kann sich auch um eine Sache handeln wie hier die persönliche Entwicklung. Die Anthropologin Helen Fisher hat sich intensiv mit der romantischen Liebe befasst. Die mit Liebe einhergehende Bindung, der Einklang und die Geborgenheit lassen sich mit Dopamin, Noradrenalin und Serotonin erklären, also rein chemisch. Das ist unsexy und bemerkenswert ernüchternd. Fisher bietet zusätzliche psychologische Erklärungen. Ob die Psychologie lediglich Folge der Chemie ist?

Für die Liebe gilt, dass es nur den eigenen Weg gibt, keine Standards, wenn sich auch gemeinsame, wiederholt auftretende Elemente klar identifizieren lassen. Wie bei der persönlichen Entwicklung, dem lebenslangen Lernen, handelt es sich bei der Liebe um eine Daueraufgabe. Liebe bedarf der Achtung und Pflege.

Liebe wächst, wenn man sich ihr widmet. Das gilt auch für die Naturliebe. Was für ein wunderbares Gefühl ist es, wenn die Sonne ins Gesicht scheint, wenn der Wind Fichten und Tannen rauschen lässt, wenn Bäche gurgeln, wenn Moos unter den Füßen nachgibt. Stille. Tiere hören, sehen, achten. Als Mensch Einssein mit der Natur.

Gefühle hängen wesentlich von Erfahrungen ab, wenn sie die Wahrnehmung anderer Menschen betreffen. Sie werden in assoziativen Bereichen des Großhirns verankert. *„Denken, Fühlen und Handeln von Menschen wird von den Verhältnissen geprägt, unter denen sie aufgewachsen sind und ihr bisheriges Leben verbracht haben."* urteilt Gerald Hüther, der prominente und populärwissenschaftlich erfolgreiche Neurobiologe. Folglich sind Entwicklungspfade zwangsläufig unterschiedlich und bieten zunächst verschiedene Potenziale, die zudem durch unsere Genetik beeinflusst werden.

Hier noch einige Einsichten in prägnanter Kurzform:

Liebe ist eine innere Einstellung. Hier wird der Bezug zur Freiheitsliebe noch einmal besonders relevant.

Dafür ist Erfahrung eine Voraussetzung, vor allem die Erfahrung, so wie man ist, gemocht zu werden.

Glück und Sicherheit liegen im eigenen Herzen, in den eigenen Denk- und Verhaltensweisen, und nicht in anderen Menschen! Deshalb ist eine passende Antwort auf die Aussage: „Ich liebe Dich." durchaus „Wie schön für Dich."

Liebe macht glücklicher als geliebt zu werden.

Liebe ist ein Gefühl der Verbundenheit.

Liebe ist nicht anhaften.

Liebe ist Wohlergehen des anderen – und von mir selbst.

Liebe entspringt innerem Reichtum.

Liebe entsteht, wenn wir bereits glücklich sind, und wir dieses Gefühl mit anderen Menschen teilen möchten.

Eine dazu passende Randbemerkung: Es ist gleichermaßen erstaunlich wie intensiv, wenn man miterlebt, wie gestandene große Männer und Athleten nach dem Gewinn eines Spiels, zumal des Super Bowls, sich in den Armen liegen und aus tiefstem Herzen sagen: I love you man!

Liebe wird eher in langjährigen Freundschaften erfahren. In der Liebe gilt es, übertriebene Erwartungen zu vermeiden und solche auch nicht an sich selbst zu richten.

Was folgt daraus? Wir sind selbst verantwortlich und nicht Opfer äußerer Bedingungen. Äußere Umstände können nur das in uns auslösen, was in uns steckt. Allerdings prägen äußere Umstände. Deshalb ist ein Aufwachsen in Liebe so wertvoll.

Alles, was wir denken, tun, sagen, wirkt sich auf unsere Neigungen und Erfahrungen aus. Deshalb sollte man möglichst keinen geistigen Müll in sich hineinstopfen (No garbage in!).

Ohne Liebe zur Arbeit wird diese mittelmäßig bleiben.

Bei Kindern ist es mitunter offensichtlich, ob diese mit oder ohne Liebe aufwachsen. Das gilt auch für ihr Selbstbewusstsein. Zudem ist es wichtig, dass sie ihre eigenen Erfahrungen machen. Folglich hilft es, ihnen einen Hort der Geborgenheit und Selbstwertschätzung zu schaffen, von dem aus sie aufbrechen und zu dem sie zurückkehren können.

Grundsätzlich gilt: Menschen können ihre Potenziale nur gemeinsam voll entfalten. Individualisierte Gemeinschaften sind dafür ein Schlüssel. Konformismus und Beschränkungen auf das, was andere als moralisch gut und politisch korrekt erachten, sind kein guter Ratgeber und beschränken die persönliche Entwicklung. In individualisierten Gemeinschaften ist Raum für die Entfaltung der eigenen Persönlichkeiten, die zugleich die Gemeinschaft bereichert. Jeder Mensch zählt – wie in einem Football Team jeder Spieler. Das Team oder die Mannschaft kann nur so gut sein wie ihre Individuen und deren Zusammenspiel. Die Entfaltung und Anpassung der eigenen Fähigkeit in Kooperation mit anderen Menschen steht im Zentrum freiheitsliebender Menschen und Gesellschaften.

Liebe bedarf der Freiheit. Einen Menschen so zu lieben, wie ihn Gott gemeint haben könnte, das ist Bindung in Freiheit.

Liebe entsteht aus Erfahrung, nämlich, dass ein Leben in Verbundenheit und Freiheit möglich ist.

Folglich ist Freiheit ein Kind der Liebe. Lehren wir unseren Kindern und einander, die Freiheit zu lieben. Das ist eine interessante Herausforderung für Liberale, sehr alltäglich, sehr grundlegend und sehr verbindend.

Wer die Freiheit liebt, ist mit sich selbst im Reinen. Wer mit sich selbst im Reinen ist, schätzt die Freiheit anderer.

Freiheitsliebe – im Reinen

Rein bedeutet sauber, gelungen, klar. Mit sich im Reinen sein bedeutet, eine gesunde, liebevolle Beziehung zu sich selbst haben. Selbstliebe und innerer Friede sind zwei bedeutende Aspekte, die mit einander zusammenhängen.

Zwei Perspektiven auf im Reinen sein möchte ich hervorheben:

Erstens, sobald Ideal und Realität zueinander passen, können wir mit uns im Reinen sein. Das Ideal sollte ein eigenes sein, kein von außen herangetragenes und übernommenes, was leider regelmäßig der Fall ist, weil wir den Idealen von Familie, Freunden und Werbung folgen, also den Idealen anderer. Die Realität besteht nicht einfach so, sondern erschließt sich durch Wahrnehmung in unterschiedlicher Breite, Tiefe und Intensität.

Zweitens kann im Reinen Sicherheit und Klarheit bedeuten. Sich auf sich verlassen können, gehört dazu. Einen klaren Blick bewahren, ist eine geronnene Volksweisheit. Richtig und falsch, wesentlich und unwesentlich unterscheiden können, gehört zu den Lebensaufgaben, nach denen wir streben sollten. Elementar ist, nicht von anderen physisch angreifbar zu sein. Noch besser ist, zugleich psychisch nicht von anderen angreifbar zu sein. In der Klarheit liegt die Kraft.

Welcher Weg zur Reinheit lässt sich beschreiten? Hilfreich sind Dankbarkeit und Demut, ferner von der Vernunft Gebrauch machen, stets Gelassenheit und Handeln im aktiven Sinne, statt sich mitreißen lassen. All das ist eng mit Selbstliebe verknüpft. Glück und Sicherheit liegen in der Selbstliebe.

Es kann hilfreich, vielleicht sogar notwendig sein, dafür in das Reich der emotionalen Wildnis hinabzusteigen. *„Braving the Wilderness"* nennt Brené Brown die Auseinandersetzung mit den eigenen Emotionen. Diese Emotionen sind Ausdruck tiefer menschlicher Bedürfnisse und Eigenheiten sowie der Verbundenheit mit anderen Menschen. Da tun sich schon einmal Abgründe auf. Wer den Abgrund erreicht und durchschreitet, dürfte Klarheit gewinnen und nach dem Aufstieg mit sich im Reinen sein.

Hilfreich ist zudem die zeitlose Weisheit, sich möglichst nur mit guten Menschen zu umgeben. Gute Menschen tun einem selbst gut. Es gibt sogar herausragende Persönlichkeiten wie Coach Bill Belichick von den New England Patriots, der nur solche Spieler coached, die er als gute Menschen ansieht:

> *„I want to coach guys I like. I want to coach guys I want to be around and that's it, and I'm not going to coach anybody else."*

Zumindest ein permanentes Wälzen von Problemen ruft neue Probleme hervor. Die Formel dafür lautet bekanntlich: Problem talk creates problems. Es ist im Alltag, ob beruflich oder privat, daher sinnvoll, sich sowohl mit guten Menschen zu umgeben, als auch mit Lösungen zu beschäftigen, statt an Problemen haften zu bleiben.

Schließlich ist im Vorteil, wer es versteht, Möglichkeiten zu mehren. Vielfalt und Alternativen enden selten in Sackgassen. Unergiebige Wege können verlassen werden. Das sagt sich alles so leicht. Niemand behauptet, dass der Weg der Wahrheit einfach ist. Aber mit Mahatma Gandhi gilt, wer den Weg der Wahrheit geht, der stolpert nicht.

Erwähnen möchte ich schließlich noch die lateinische Weisheit „mens sana in corpore sano". Tatsächlich wirkt sich ein gesunder, fitter Körper auf das Wohlbefinden aus. Körper, Geist und Seele wollen im Reinen sein. Sie bilden letztlich eine Einheit. Training stärkt alle drei.

Illustrieren möchte ich die Überlegungen mit einem Negativ- und einem Positivbeispiel.

Terror resultiert aus Hass, Hass auf das Eigene. Davon ist der weise Psychoanalytiker Arno Gruen aufgrund seiner jahrzehntelangen Berufserfahrung überzeugt. Innere Leere, fehlende Identität, mangelndes Mitgefühl sind Kennzeichen von Menschen, die mit sich selbst nicht im Reinen sind und infolgedessen auch nicht mit ihren Mitmenschen. Weil sie selbst schlecht behandelt wurden, weil sie sich mit dem eigenen Schmerz nicht wirklich auseinandersetzen können, fügen sie anderen Menschen Schmerzen zu. Bemerkenswert passend erscheint dazu die Bibel-Weisheit: „Vater, vergib ihnen, denn sie wissen nicht, was sie tun.“

In vergleichsweise behüteter Umgebung aufgewachsen ist der bereits beispielgebend angeführte Quarterback Tom Brady. Er liebt seine Familie. Das gilt für seine Eltern, für seine eigenen Kinder und Ehefrau Giselle Bündchen. Brady braucht Zeit, zuweilen viel Zeit, um mit sich und dem Spiel, das er so liebt, in Einklang zu sein. Sobald Brady mit sich im Reinen ist, wenn er im Huddle auf dem Spielfeld ganz er selbst und frei ist, wenn er völlig klar sieht und den Spielablauf antizipiert, dann macht Druck ihn nur noch besser. Nicht immer führt das zu einem glücklichen Ende. Dennoch ist es ihm wiederholt gelungen, sich selbst und seine Mitspieler auf ein höheres Niveau zu bringen.

Für mich bringt es das zuvor angeführte Zitat auf den Punkt. Es ist eine Art Gedicht und stammt, wie erwähnt, eigentlich aus dem Film „*Interstellar*“. Haften geblieben ist es mir indes, weil es als Text unter einen Zusammenschnitt von Szenen der New England Patriots so sehr aufgeht – Vernunft und Emotionen bilden eine Einheit.

Wer die Freiheit liebt, ist mit sich selbst im Reinen.

Quintessenzen

Wer die Freiheit liebt, ist mit sich selbst im Reinen.

Wer mit sich selbst im Reinen ist, der liebt die Freiheit.

Wer die Freiheit liebt, liebt auch die Freiheit der anderen.

Freiheitsliebe ist ein wesentlicher Bestandteil einer Ordnung der Freiheit. Freiheitsliebe lässt sich als Mentalität und als Kultur begreifen, auf der eine Ordnung der Freiheit beruht und die für eine offene Gesellschaft unerlässlich ist.

Das ist umso bedeutender, als der Liberalismus bislang nicht als Herzenssache begriffen worden ist, eher als Selbstverteidigung. Der Liberalismus setzt bislang nur den Rahmen und weist auf die Ordnungs-, Kooperations- und Koordinationserfordernisse für ein Zusammenleben freier Menschen hin. Dem Liberalismus fehlt Spiritualität, die wiederum ein Teil des Menschen ist.

Resümierend möchte ich auf fünf Elemente einer solchen Freiheitskultur hinweisen.

1. Familie. Die Familie bildet den Nukleus für das liebevolle Zusammenleben und die damit verbundenen Herausforderungen. Sie zu meistern ist weitaus wichtiger als sich – zumal stattdessen – mit Fragen kollektiver Politikthemen zu beschäftigen. Ideal wäre es, wenn die Familie der Hort geborgener Freiheit in möglichst vielen Wohnungen und Häusern wäre. Hier beginnt Freiheit oder auch nicht. Hier beginnt regelgebundene Freiheit und findet ihr Zuhause.

2. Nachbarschaft. Die Nachbarschaft bietet vielfältige Formen eines mehr oder minder intensiven Miteinander. Das gilt für direkte Wohnnachbarn und für Nachbarn, die in Schule, Kirche, auf dem Markt und beim Einkaufen in der Gemeinde einander begegnen und sich ein wenig für einander interessieren vielleicht auch kümmern. Ob kleine alltägliche Unterstützung und freundliche Gesten oder Rücksichtnahme, all das gehört zu einer Gesellschaft, die auf einem gesunden Fundament ruht. Hier entsteht viel mehr Raum für Selbstverwaltung und somit selbstbestimmendes Engagement der Gemeindemitglieder in ihren öffentlichen Angelegenheiten.

3. Beruf. Im Job spielt Freiheit eine herausragende Rolle, leider regelmäßig ihr Mangel. Der bedeutende Management Autor Reinhardt K. Sprenger weist in seinen Publikationen der Freiheit eine zentrale Rolle zu. Sobald jeder in einer Organisation tut, was er gut kann, sei diese erfolgreich. Motivation ist für ihn nur als Selbstmotivation tragfähig. Gute Führung berücksichtigt das. In meinem kleinen Buch „*Freiheitsliebe*" beschreibe ich beruflich außerordentlich erfolgreiche Persönlichkeiten, die diese Selbstmotivation in sich tragen, von den hier bereits erwähnten Tom Brady und Julian Edelman über Reinhold Messner bis zu Felix Somary. In der zuweilen als Wissensökonomie bezeichneten Dienstleistungsgesellschaft wird die zielgerichtete Verknüpfung von Know-how und Do-how immer wichtiger. Dazu gehört Freiraum für die Gestaltung der Arbeit und ihre Verbesserung zum Nutzen der Kunden.

Eine Gesellschaft von Freien ist gekennzeichnet durch die Einheit von Handeln und Haften. Unternehmerisch lässt sich das besonders gut im Verbund eines Familienunternehmens verwirklichen. Hier reicht der Blick weit in die Zukunft, bis zur nächsten Generation, an die der Inhaber sein erfolgreiches Unternehmen weitergeben möchte. In von Managern geführten, zumal haftungsbeschränkten Großunternehmen ist das nicht der Fall.

Eine Gesellschaft von Freien zeichnet sich durch Vielfalt und bereichernde Verschiedenheit durchaus eigentümlich freier Menschen aus. Eine Kultur der Freiheitsliebe immunisiert gegen autoritäre und populistische Strömungen gleichermaßen. Die Losung „Ich bin vom Staat und hier, um ihnen zu helfen" muss es schwer haben. Freisinnige Menschen wissen sich selbst und einander zu helfen. In einer freien Gesellschaft ist Förderung nur als Förderung der eigenen Entwicklung und der Kooperation denkbar.

Fazit und Ausblick

Wer die Freiheit liebt, ist mit sich selbst im Reinen.

Welche Bedeutung hat diese Sentenz für den Liberalismus und für das Werben für die Freiheit? Drei Dinge möchte ich abschließend hervorheben.

1. Liberale tun gut, stärker auf den einzelnen Menschen zu schauen und dabei sein alltägliches Leben zu berücksichtigen. Politische Großprojekte weichen dann dem Freiheitswerk, der Entwicklung des Menschen, seiner individuellen Bildung, seinem Wohlbefinden, das vor allem aus dem Menschen selbst erwächst, und der Erziehung. Für all diese Aspekte ist Freiheit die erste und die unerlässliche Bedingung. Da Freude und Fähigkeiten im Menschen selbst liegen, können sie – aller anderslautender Slogans zum Trotz – nicht durch Nudging und politische Betreuung zur Blüte gebracht werden. Menschen können selbst glücklich werden. Für eine begünstigende Rahmenordnung des Rechts und der Gerechtigkeit ist nur wenig kluges Personal erforderlich.

2. Die klassisch liberale Staatsauffassung braucht nicht geändert zu werden. Ein freiheitlicher Staat bedarf einer Verfassung der Freiheit. Jede Einmischung jenseits allgemeiner guter Regeln birgt destruktives Potenzial. Keine Macht den Bürokraten! Volles Vertrauen in die kooperative Lösungskompetenz der Bürger! Die Kritik der herrschenden Bildung darf kräftig verstärkt werden. Unser Schulsystem bringt keine hinreichenden Voraussetzungen mit, um freiheits- und selbstliebende Menschen aufwachsen zu lassen.

3. Das Freiheitswerk im Alltag erlangt eine größere Bedeutung. Langfristig dürfte es mehr Früchte tragen, wenn sich Liberale um eine Ausweitung und Weiterentwicklung des alltäglichen Freiheitslebens kümmern. Das ist eine große Herausforderung. Fassen wir uns an die eigene Nase und fragen uns: Verrichten wir das Freiheitswerk gut genug? Welche Spielräume bleiben ungenutzt? Warum üben wir vor allem Kritik an herrschenden Zuständen, statt uns um die Gestaltung eines besseren Lebens zu kümmern?

4. Das alltägliche Freiheitswerk bedarf möglicherweise anderer Promotoren, eher Coaches und Mentoren. Insgesamt scheinen mir die Liberalen organisatorisch recht schwach aufgestellt zu sein. Ich erneuere an dieser Stelle meinen Vorschlag, sich ausgerechnet beim preußischen Generalstab Anregungen zu holen. Die Stichworte lauten: lernende Organisation, Ausbildung von Freiheitsmultiplikatoren, Institutionalisierung des liberalen Genius.

5. Vielleicht benötigen wir Liberale auch mehr Menschen wie Gandhi. Nicht im Sinne seiner sozialistischen Wirtschaftsauffassungen, sondern vielmehr mit Blick auf seine unerschütterliche Haltung: *„Wer den Weg der Wahrheit geht, stolpert nicht"*. Und hinsichtlich des positiven Leuchtens, dass selbst einer seiner Enkel in der Akademie der Wissenschaften in Berlin bei jeder noch so einfältigen oder verqueren Fragen in dem jeweiligen Menschen erkannte.

Diese Überlegungen scheinen mir zur aufkommenden Gesellschaft gut zu passen. Wir leben in einer Zeit globaler Verbundenheit. Hunderte Millionen reisender Menschen und die rasant verbreitete Kommunikationstechnologie sind ein Fingerzeig. Zugleich gibt es Trends zur Regionalisierung, auch bei Supermarktprodukten. Die kleinen Einheiten mit lokaler Bindung und globalen Kontakten sind als non-zentrale Gemeinschaften ein Bollwerk gegen die große Fiktion des Staates. Zentrale Herausforderungen sind für mich folglich, dem Zentralismus und Bürokratismus entgegenzutreten, die eine Einheit bilden.

Der Neurobiologe Gerald Hüther plädiert dafür, die Kraft der Gefühle wieder zu entdecken und zu nutzen – als eine Voraussetzung für ein glücklicheres Leben. Er fügt das „Lob der Schnecke" hinzu und plädiert neurobiologisch begründet für vorbehaltlose und allumfassende Liebe:

> *„Aus eigener Kraft und zu Lebzeiten schaffen es allerdings nur sehr wenige Menschen, ihre im Frontalhirn verankerten, ihnen Halt bietenden Vorstellungen, Überzeugungen, Haltungen und Einstellungen loszulassen. Denn das macht Angst, und die ist nur durch ein anderes, gegenteiliges Gefühl zu überwinden: durch vorbehaltlose und allumfassende Liebe. Wenn einem Menschen das gelänge, wäre er mit sich und der Welt versöhnt."*

Treffender könnte ich die Herausforderung nicht beschreiben.

Freiheit und Freiheitsliebe sind ureigene liberale Fundamente, gerade weil sie zum Wesen eines jeden Menschen gehören. Und der Mensch, eingebunden in die Natur, ist das Maß aller Dinge. Sobald der Mensch mit sich im Reinen ist, herrscht Frieden.

Literaturhinweise

Bessard, Pierre und Christian Hoffmann (Hg.): Markt für Bildung: Die Vorteile von Vielfalt und Wettbewerb, Lit Verlag, 2017.

Bieri, Peter: Wie wollen wir leben?, 3. Auflage Salzburg 2011.

Czickzentmihaily, Mihaily: Flow: Das Geheimnis des Glücks, Klett Cotta, 18. Auflage, 2015.

Hüther, Gerald: Begeisterung ist Doping für Geist und Hirn – Neue Erkenntnisse der Hirnforschung – Wie Eltern lernen können, sich selbst und ihre Kinder zu begeistern, veröffentlicht auf seiner Homepage: http://www.gerald-huether.de/populaer/ veroeffentlichungen-von-gerald-huether/ texte/begeisterung-gerald-huether/

Hüther, Gerald: Was wir sind und was wir sein könnten. Ein neuro-biologischer Mutmacher, S. Fischer Verlag, 3. Auflage, Frankfurt am Main 2011

Edelman, Julian with Tom E. Curran: Relentless. A Memoir, Hachette Books, 2017.

Humboldt, Wilhelm von: Ideen zu einem Versuch, die Grenzen der Wirksamkeit des Staates zu bestimmen, Stuttgart 2002.

Melnik, Stefan und Sacha Tamm (Hg.): Kleines Lesebuch der liberalen Bildungspolitik, Berlin 2007.

Prollius, Michael von: Freiheitsliebe. Ein Querdenker ABC, Fürstenberg 2018.

Prollius, Michael von: Wofür brauchen wir eigentlich den Staat? Denkanstoß Forum Freie Gesellschaft, Fürstenberg 2016, hier: Denkanstoß für die Praxis: ein „liberaler Generalstab", 6-10.

Prollius, Michael von: Bildungsvielfalt statt Bildungseinfalt, Working Paper Forum Freie Gesellschaft, Fürstenberg 2015.

Somary, Felix: Erinnerungen aus meinem Leben, Verlag Neue Zürcher Zeitung, Erstauflage 1956, 2. Auflage Zürich 2013

Sprenger, Reinhard K.: An der Freiheit des anderen kommt keiner vorbei. Das Beste von Reinhard K. Sprenger, Frankfurt am Main 2013.

Sprenger, Reinhard K.: Der dressierte Bürger. Warum wir weniger Staat und mehr Selbstvertrauen brauchen, Frankfurt am Main 2005.

Tooley, James: The Beautiful Tree. A personal journey into how the world's poorest people are educating themselves, Cato Institute, Washington 2009.

YouTube, Videos zu Tom Brady, Bill Belichick und Julian Edelman.

Edition Forum Freie Gesellschaft

Band 1

Helmut Krebs: Klassischer Liberalismus. Die Staatsfrage – gestern, heute, morgen, hg. von und mit einem Aufsatz von Michael von Prollius, Norderstedt 2014.

Band 2

Tomasz M. Froelich: Bildungsvielfalt statt Bildungseinfalt. Bessere Bildung für alle ohne Staat, Fürstenberg 2015.

Band 3

Dagmar Schulze Heuling: Lob der Ungleichheit. Das Postulat der Gleichheit unter Legitimationsdruck, Fürstenberg 2015.

Band 4

Helmut Krebs: Sklerose. Leitbilder und Ideologien einer alternden Gesellschaft, Fürstenberg 2015.

Band 5

Helmut Krebs und Michael von Prollius: Mythos Anarchokapitalismus, Fürstenberg 2015.

Weitere Freiheitsbücher:

The Standards: Klassisch liberale Aufsätze neu interpretiert, hg. v. Michael von Prollius, Fürstenberg 2014.

Mit Beiträgen von: Helmut Krebs, Wolf von Laer, Malte Tobias Kähler, Alexander Fink, Eduard Braun, Kalle Kappner, Carsten Dethlefs, Christian Hoffmann, Dagmar Schulze Heuling, Alexander Dörrbecker, Edith Puster, Isabell Heuber, Michael von Prollius, Steffen Hentrich, Gérard Bökenkamp, Stefan Blankertz, Gerold Mann.

The Standards II: Filme aus der Freiheitsperspektive betrachtet, hg. v. Michael von Prollius, Fürstenberg 2016.

Mit Beiträgen von: Detmar Doering, Stefan Blankertz, Michael von Prollius, Remo Haufe, Karl-Friedrich Israel, Andreas Tögel, Henning Lindhoff, Nur Baysal, Hendrik Hagedorn, Luis Pazos.

17 Zeilen für die Freiheit, hg. von Stefan Blankertz und Michael von Prollius, BoD, Norderstedt 2017.

Freiheitsliebe. Ein Querdenker-ABC, Michael von Prollius, BoD, Fürstenberg 2017.